한국어 교육학 총서 ❶

한국어
평가론

저자 지현숙

한글파크

『한국어 평가론』은 한국어 교육을 전공하려는 전공생을 위하여 집필된 책이다. 일차적으로 이 책은 학부과정의 한국어 교육 전공과목으로 '한국어 평가론'을 강의할 때 사용하는 교재로 최적화되어 있다. 다시 말해서, 이 책은 예비 한국어 교사에게 필수적으로 요구되면서 큰 어려움 없이 평가론에 접근하기 위한 입문서라 보면 될 것이다.

외국어로서 한국어를 배우거나 제2언어로 한국어를 배우는 학습자 모두에게 '평가'가 가지는 함의는 새삼스럽게 말하지 않아도 될 듯하다. 한국어를 제대로 가르치고 학습했는가는 평가를 통해 확인할 수 있고, 평가를 통해 다시 교수−학습에 변화가 일어나므로 평가는 중요하다. 이런 이유로 많은 언어교육 연구자들은 '평가가 어떻게 이루어지고 있는가는 해당 교육 프로그램이 얼마나 우수하게 운영되고 있는가를 결정짓는 핵심 요소가 된다'고 말해 왔다.

본서는 대체로 16주 내외로 편성되는 한국의 학기제를 고려하여 평가론에서 다루어야 할 주제를 13개의 단원으로 구성하였다. 중간고사와 기말고사, 과제 발표 등의 요소를 반영해야 하기 때문이다. 크게는 평가론에 관한 기초적인 이론을 다룬 1부 '이론편'과 이론을 실제 평가 분야에 적용하기 위한 2부 '응용편'으로 나누었다. 1부에서는 필수적으로 알아야 할 평가론 관련 용어를 설명하고 교육과 평가의 관계, 언어 시험의 유형, 언어 평가의 역사적 변화, 평가의 요건, 시험 개발 절차 등을 쉽고 간략하게 기술하였다. 이어 2부에서는 말하기, 듣기, 쓰기, 읽기, 어휘와 문법 등 영역별 한국어 평가를 위한 기초 이론을 설명하고, 구체적인 문항 출제의 방법, 채점 시 유의점, 구체적인 문항 예시 등을 소상하게 다루었다.

끝으로 대안적 평가의 개념과 특징, 유형, 한국어 대안적 평가의 사례 등에 대해 언급하였다. 본서를 쓰며 주력한 점은 딱딱하고 어렵다고 생각하는 평가론에 대한 선입견을 해소하고 평가론을 강의하는 자와 이 과목을 수강하는 자가 상호작용하며 의사소통할 수 있도록 한 데 있다.

『한국어 평가론』의 각 장은 약 100분~150분의 강의 시간을 염두에 두고 단원 목표, 브레인스토밍, 공부할 내용, 연습, 토론을 통한 지식 나누기, 참고할 문헌 등을 순차적으로 제시하며 기술되었다. 따라서 1부 이론편의 여섯 단원은 '이 단원을 공부하면-이야기 나누어 보기-본 강의-확인하기-토론-과제-더 보면 좋을 책과 자료'로 구성하였다. 또한 2부 응용편은 '이 단원을 공부하면-이야기 나누어 보기-본 강의-확인하기-문항 제작 연습-과제'로 구성하였다. 이 책은 한국어 교육을 전공하는 학부생을 대상으로 하지만, 수강생의 구성(원어민 예비 한국어 교사 혹은 비원어민 한국어 교사)이나 강의가 이루어지는 환경(국내 혹은 국외)에 따라 융통성 있게 변용해서 사용할 수 있도록 고안되었으며 대학원 강의에서 전문성을 심화할 수 있도록 주제별 주요 논저들을 연결해 놓기도 하였다. 이 책이 한국어 평가론을 공부하는 예비 한국어 교사나 평가론을 강의하는 교강사에게 도움이 되기를 바란다.

글쓴이

목차

1부 이론편

2부 응용편

1부

이론편

제 1 장

평 가 론 을
이 해 하 려 면
어 떤 용 어 를
알 아 야 할 까 ?

이 단원을 공부하면…

◉ 평가론과 관련한 주요 용어의 목록을 만들 수 있다.

◉ 평가론을 이해하기 위해서 필요한 기초적인 용어의 의미를 안다.

◉ 언어 평가와 관련한 용어를 정확하고 적절하게 사용할 수 있다.

이야기 나누어 보기

◉ '평가'라는 단어를 들으면 무엇이 떠오르는가? '평가' 하면 생각나는 단어들에 대해서 이야기
  해 보자.

◉ 외국어 시험을 본 적이 있는가? 있다면 가장 기억나는 시험은 무엇인가? 왜 그 시험이 기억에
  남는지 말해 보자.

◉ 언어 시험과 관련이 있는 사람들은 어떤 사람들이 있을까? 왜 그 사람들이 언어 시험과 연관
  이 있는지 서로의 생각을 나누어 보자.

본 강의

1 교육과 평가

2 평가와 시험

3 언어 평가

4 시험 수행

5 이해 관련자

6 고부담 시험과 저부담 시험

1장에서는 평가론을 이해하기 위해 기초적으로 알아야 할 용어를 다룬
다. 평가론에 입문할 때 필요한 교육과 평가의 개념과 관계, 평가와 시
험의 차이, 언어 평가의 정의, 시험 수행의 개념, 이해 관련자의 의미와
중요성, 고부담 시험과 저부담 시험의 구분 등에 대해 살펴볼 것이다.

① 교육과 평가

평가에 관한 전반적인 내용을 이해하려면 우선 교육의 개념부터 알아야 할 것이다. 그런데 교육의 개념을 알기 위해서는 '학습'의 개념도 함께 다루는 것이 필요하다.

지금까지 학습과 교육의 개념은 많은 연구자들에 의해 논의되어 왔다. 매우 단순한 개념 정의이기는 하지만 본서는 '학습(learning)'이란 학습자에게 행동의 변화가 일어나는 것으로 정의하고자 한다. 학습의 대당적 개념인 '교육(teaching)'은 학습자에게 행동의 변화가 일어나게끔 이끄는 것으로 정의할 것이다. 인간은 학습을 통해서 모르던 외국어를 알게 되어 말할 수 있게 되고, 초보운전자에서 능숙한 운전자로 바뀌게 되며, 숟가락만 쓰다가 젓가락질을 자유자재로 하는 사람으로 변하게 된다. 이때 교육은 학습자의 행동 변화를 위해 처방하고, 안내하고, 자극하고, 격려하는 등의 역할을 한다.

언어 교육 현장에서 '평가'라는 단어가 자주 쓰이고 있지만 평가가 무엇인지를 명확하게 정의하는 것이 그리 간단하지는 않다. 사람들은 평가를 넓은 의미로 쓰기도 하고 좁은 의미로 쓰기도 하며 때로는 그 의미를 잘못 사용하기도 한다. 교육학에서 평가는 어떤 교육과정을 운영할 때 교육 목표가 올바르게 정해졌는지를 점검하고, 교육 목표를 달성하기 위한 계획과 과정은 적절한지, 목표가 제대로 성취되었는지를 확인하고 판단하는 교육 행위 전반을 의미하는 용어이다. 즉, 평가는 어떤 현상이나 대상의 가치와 질을 판단하는 과정이면서 측정을 통해서 얻은 자료를 해석하는 것까지 포함하는 목적지향적인 활동이다. 따라서 시험, 검사, 측정, 추정, 진단도구 등은 평가의 일부로 이해할 수 있을 것이다.

외국어 교육에서 언어 평가란 학습자의 언어 능력을 추정하여 판단하는 것으로서, 학습자가 목표 언어에 대해서 어느 정도로 알고 있고 얼마나 숙련되어 있는가를 파악하기 위한 교육 행위를 뜻한다. 현대 외국어 교육에서는 학습과 교육의 시너지 효과를 위해 언어 평가를 교육 현장과 연계시키는 일이 필수 불가결해졌다. 따라서 평가에 대한 새롭고 다양한 관점이 생겨나고 있고 또한 적극적으로 채택되고 있는 추세이다.

② 평가(assessment)와 시험(test)

'평가'가 교육 행위 전반을 말한다면 '시험'은 평가 가운데 방법적이고 도구적인 성격을 강조한 용어이다. 어떤 이는 시험을 '평가 도구'라 부르기도 하는데 그 이유는 시험이 평가의 목적을 달성하기 위해 만든 검사 도구이기 때문이다. 본서의 이러한 구분은 평가 연구의 모태가 된 Carroll(1968)이나 Bachman(1990) 등이 시험을 수험자의 개별 행위의 구체적 표본을 효과적으로 이끌어 낼 수 있도록 고안한 측정 도구라고 정의한 것에 따른 것이다.

외국어 교육과정을 연구한 Brown과 같은 연구자는 교육과정은 크게 여섯 영역으로 나눌 수 있다고 보았다. 그 여섯 가지는 교육 목표, 교수법, 교재, 요구 분석, 평가, 그리고 시험이다. Brown은 교육과 평가, 시험 간의 관계를 다음의 그림처럼 나타내었다.(H.D.Brown 2004:5)

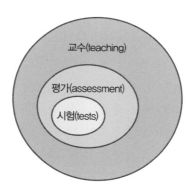

[그림 1] 시험 □ 평가 □ 교수의 관계

평가 분야의 용어가 다소 혼란스럽게 쓰이고 있는 이유는 관련된 용어가 다양하게 존재하고 이들에 대한 번역 용어가 혼재되어 있기 때문인 듯하다. 이와 같은 용어 혼란을 극복하고자 본서는 유형물로 존재할 때에는 '시험'으로 부르고 나머지 모두는 '평가'로 부르기로 한다.

❸ 언어 평가(language assessment)

'언어 평가'는 학습자가 목표 언어에 얼마나 숙달되었는가를 측정하여 실제 삶에서의 언어 사용 능력을 추론하는 것을 말한다. 언어를 어떻게 바라보고 언어 사용을 어떻게 규정하는가에 의해 언어 평가의 기준과 방법이 결정된다. 이 세상에 언어를 평가하기 위한 시험이 매우 다양하게 존재하는 것은 언어 능력을 구성하는 요소에 대한 언어 평가 연구자들의 견해가 각각 다르기 때문이다.

언어 평가는 일반적인 측정 이론을 따른다는 점에서 다른 평가들과 유사하나 언어 평가가 다루는 증거가 특정한 언어라는 점에서 차별화되기도 한다(지현숙 2014:998). 예를 들어 특정한 측정 자질과 신뢰도, 측정의 일관성 등을 중시하는 심리 측정학의 관점에서는 문법이나 어휘에 관한 지식을 재기 위한 문항으로 시험을 구성하는 '선다형 시험'이 주를 이룬다. 이와는 대조적으로 언어의 사용과 의미, 상황 맥락 등을 중시하는 의사소통 이론의 관점에서는 수험자의 직접적인 언어 산출을 유도하여 의사소통 자체에 초점을 두는 '과제 기반 시험'을 선호한다.

❹ 시험 수행(test performance)

'시험 수행'이란 수험자가 평가 도구를 통해 자신이 가지고 있는 능력을 발휘하는 것을 의미한다. 즉, 어떤 시험에서 수험자의 지식이나 기능이 나타나고 드러나는 것이 '시험 수행' 혹은 '평가 수행'이다.

평가 개발자는 측정 혹은 추정하기 위해 만든 시험을 통해 언어 수행을 이끌어 내고 그 속에서 얻은 점수나 자료를 토대로 수험자의 능력을 판단한다. 그러므로 최대한 적극적이고 최대치의 시험 수행을 이끌어 내기 위해서 평가 개발자는 노력할 필요가 있다. 특히 말하기나 쓰기와 같은 표현 능력을 평가하기 위한 시험은 자연스러운 의사소통 상황과 실제적인 맥락을 제공함으로써 시험 수행에서 얻은 결과가 애초에 평가의 목적으로 삼은 바와 최대한 부합될 수 있도록 해야 한다.

❺ 이해 관련자(stake-holders)

'이해 관련자'는 평가와 이해관계가 있는 개인이나 단체를 가리킨다. 외국어 교육에서 이해 관련자는 교사와 학습자를 비롯하여 교육행정가, 교수, 고용 담당자, 이민국 직원, 학부모 등이 있다.

이해 관련자는 '평가의 개발과 시행에 관심이 있는 사람(McNamara 2000:181)'으로 간단하게 정의되기도 하는데, 평가의 결과를 사용하기 위해 점수, 평균, 표준편차, 총평, 등급, 순위 등에 관심이 있는 사람들을 가리키므로 '평가 사용자'라 부르기도 한다. 언어 평가를 연구할 때 이해 관련자가 중요한 것은 평가의 결과를 어떻게 사용할 것인가에 대해서 이해 관련자의 요구나 영향이 차지하는 비중이 크기 때문이다.

❻ 고부담 시험(high-stake tests)과 저부담 시험(low-stake tests)

'중대 평가'라고도 불리는 '고부담 시험'은 평가의 결과가 취업, 입학, 국적 취득이나 비자 발급, 장학금 수혜자 선발 등의 중요한 결정에 결정적인 영향을 미치는 시험을 말한다. McNamara는 고부담 시험이란 '입학이나 취직할 때처럼 수험자에 대해 중요한 결정을 내리는 근거로서의 정보를 제공하는 평가(McNamara, 2000:177)'라 정의한 바 있다. 영어 시험 가운데 TOEFL이나 TOEIC, 중국어 시험 HSK, 일본어 시험 JLPT, 한국어의 TOPIK 등과 같은 시험이 고부담 시험에 속한다.

'저부담 시험'은 퀴즈, 중간시험, 기말시험 등과 같이 평가의 결과가 고부담 시험처럼 중요하고 절대적인 영향력을 미치지는 않는 시험을 가리킨다. 따라서 저부담 시험은 3장에서 다룰 '교실 평가'와 상통한다고 할 수 있다.

1 교육과 평가, 시험은 어떤 관계가 있는가?

2 노동자의 한국어 능력을 평가하기 위한 시험을 만든다고 하자. 수험자의 시험 수행을 최대로 이끌어 내기 위해 어떤 것들이 마련되어야 할까?

3 한국어 교육의 이해 관련자는 누가 있는가?

4 고부담 시험과 저부담 시험 각각의 특징은 무엇인가?

과제

1 '평가'는 언제부터 시작되었을까? 인류에게 '평가'가 처음으로 시작된 기원에 대해 알아보자.

2 '좋은 평가'란 무엇일까? 이상적인 외국어 능력 평가가 되기 위해서 어떤 조건이 갖추어져야 할지 표로 정리해 보자.

📖 더 보면 좋을 책과 자료

- Morrow, K.(1979), Communicative Language testing: revolution or evolution?, 『The communicative approaches to language teaching』, Oxford University press.
- Bachman & Palmer(1996), 『Language testing in practice』, Oxford University press.
- T. McNamara(2000), 『언어 평가』, 김성우 외 역, pp.175~183, 박이정.
- 이완기(2003), 『영어평가방법론』, pp.5~77, 문진미디어.
- 지현숙(2006), 『한국어 구어 문법과 평가-이론편』, pp.7~17, 도서출판 하우.
- 서울대학교 국어교육연구소 외(2014), 『한국어교육학사전』, pp.996~1010, 도서출판 하우.

제 **2** 장

언어 교육과 평가의 관계는 어떠한가?

이 단원을 공부하면…

◈ 외국어 교육 연구에서 평가가 차지하는 중요성을 이해한다.

◈ 언어 평가가 사회에 미치는 영향은 어떤 것들이 있는지에 대해 안다.

◈ 평가가 언어 교육에 미치는 긍정적이거나 부정적인 환류 효과에 대해 안다.

이야기 나누어 보기

◈ 교육과정에 시험이 포함되지 않은 경우를 본 적이 있는가? 만약 외국어를 배우는 과정에 시험이 없다면 어떨지 생각해 보고 말해 보자.

◈ 시험이 여러분의 인생에 끼친 영향은 어떠한가? 시험 때문에 성격, 교재 구입, 공부하는 방법, 태도 등에 어떤 변화가 일어났는지 이야기해 보자.

◈ 외국어를 배우는 과정에서 평가는 어떻게 사용될까? 한국어, 중국어, 영어, 일본어 등 외국어 시험의 결과를 사회에서 어떤 용도로 사용할 수 있을지 이야기해 보자.

본 강의

① 평가 연구의 중요성

② 평가의 기능

③ 언어 평가의 사회적 영향

④ 환류 효과

2장에서는 언어 교육과 평가 간의 관계에 대해서 다룬다. 먼저, 외국어 교육에서 평가를 연구하는 것이 왜 중요한지에 대해 설명한다. 이를 기초로 언어 능력 평가의 기능을 다루고 언어 평가가 사회에 미치는 영향에 대해 다룰 것이다. 이어 언어 평가가 교육과 사회에 미치는 긍정적이고도 부정적인 효과 등에 대해서 심도 있게 살펴볼 것이다.

① 평가 연구의 중요성

언어 교육에서 평가가 차지하는 위상은 높고도 중요하다. 그러나 평가에 관한 연구는 그다지 활발하고 깊이 있게 진행되었다고 하기 어렵다. 영어, 독일어, 프랑스어 등의 외국어 교육에서 많은 연구자들이 평가 연구의 상대적인 낙후성을 비판해 왔고 한국어 교육에서도 평가 연구는 교수법, 교재, 문화 교육 등의 분야에 비해 상대적으로 열세에 놓여 있다고 해도 지나친 말은 아닐 듯하다.

어떤 목표 언어를 대상으로 한 언어 교육이 얼마나 체계적이고 선진화되어 있는지는 평가 연구의 수준이 주축이 된다고 할 때 오랜 기간 동안 정체되어 있는 한국어 교육에서의 평가 연구는 일신되어야 할 필요성이 크다. 외국어 교육에서 평가 연구는 무엇보다도 외국어 교육의 이론적 토대를 마련하는 것에 공헌한다. 평가에 관한 연구는 문헌연구에서 시작하여 이해 관련자를 대상으로 한 요구 분석, 평가 수행에 관한 언어 자료를 분석하는 담화 연구, 말뭉치 언어학, 중간언어 연구 등 전문적이고 방대한 분야의 학제 간 연구가 얼마든지 가능하다.

외국어 평가의 연구 결과는 응용언어학의 외국어 습득과 교육 이론에 많은 영향을 미쳐 왔으며 앞으로 그들의 상호 보완적 관계는 더 돈독해질 것으로 예상된다. 그러므로 평가 연구가 활성화되고 다양해질수록 외국어 교육의 내용 수준은 향상되고 진보될 수 있다. 또한 평가 연구는 사회 안에서 언어 평가의 역할과 효과가 어떠한지를 실제적으로 다룸으로써 일차적으로 교수-학습 환경을 개선하는 데 기여할 뿐만 아니라 보다 건강한 시민사회를 건설하는 데에도 일조할 수 있다. 즉, 어떤 언어 숙련도 시험이 누군가에게는 취업 비자를 허락하고 또 다른 누군가에게는 장학금 혜택을 박탈하여 학업을 계속할 수 없게 만드는 등 강한 영향력을 행사하기도 하므로 이를 생각할 때 시험에 관한 정책 결정이 얼마나 신중해야 하는가를 다시 한 번 새기게 된다.

시험이 수험자에게 미치는 직접적인 영향력과 이를 둘러싼 사회적 파급 효과를 염두에 두고 평가 설계자나 주관처가 하는 고민이 깊어지면 깊어질수록, 교재나 교수법, 평가 결과의 사용 등이 개선될 수 있다. 이를 통해 교수-학습 수준의 향상이 이루어질 수 있으며 교육의 민주화와 건강하고 합리적인 사회 진보를 앞당기는 데에 공헌할 것이다.

어떤 개인 연구자나 집단이든 결핍되지 않고 여러 지식 분야의 정상을 차지할 수는 없기 때문에 언어 평가는 점점 더 넓고 더 다양한 분야가 되어 간다.(McNamara & Roever, 2013:287) 평가 연구가 다소 어렵고 포괄적이기는 하지만 평가 연구가 감당하는 역할이 이처럼 중요하므로 우리는 결코 연구에 나태하면 안 될 것이다.

② 평가의 기능

언어 교육에서 평가의 기능은 평가의 목적과 연관되는 바가 많다. 본서에서는 평가가 담당하는 다양한 기능 가운데 대표적인 네 가지를 다루고자 한다.

평가의 기능 가운데 첫 번째, 평가는 학습자의 언어 발달 정도를 측정하고 추론하는 것이다. 우리는 일정한 기간 동안의 학습이 끝나면 기대되는 성취 수준을 어느 정도로 달성했는지를 평가한다. 이를 통해 학습자의 강점과 약점을 분석한 후 언어 발달의 정도를 파악하게 된다.

두 번째, 평가는 입학, 졸업, 비자 부여, 국적 취득 등의 중요한 결정을 내리게 한다. 학습자의 인생의 중대사를 결정짓게 하는 시험은 주로 '합격'과 '불합격'의 두 가지 형태로 판정되며 앞서 1장에서 다룬 '고부담 시험'을 통해 결정되는 경우가 많다.

세 번째, 평가는 학습자를 적절한 학급에 배치하는 일을 한다. 문법 및 어휘 평가, 작문 혹은 인터뷰 시험 등을 통해 개별 학습자의 언어 수준을 평가하여 각 학습자에게 적절한 학급에 배치하기 위한 목적으로 평가가 이루어진다.

네 번째, 평가는 언어 프로그램을 개선하고 발전시키게 한다. 중간고사, 기말고사 등의 성취도 평가와 수시로 시행되는 수행 평가 등을 통해 해당 언어 프로그램이 얼마나 제대로 운영되고 있는가, 문제점은 없는가, 어떻게 유지하고 발전시켜 나갈 것인가 등을 파악할 수 있다.

❸ 언어 평가의 사회적 영향

언어 능력 평가가 교육과정, 교수법, 교재, 학습자, 교육기관, 사회 제도 등에 어떤 영향을 미치는가에 관한 연구는 아직까지 충분히 이루어지지 못했다. 애초에 '유럽공통언어참조기준(ALTE)'은 하나의 언어 자격이 유럽 대륙에 속한 40여 나라에 통용될 수 있도록 하기 위해 기획된 것이었다. 그러나 점차 이 기준이 발전되어 특정한 언어지식 이론의 확산에 기여하고 언어 능력에 대한 등급기술을 확립시키는 등 역할이 커지면서 유럽과 다른 여러 국가의 교육에도 큰 영향을 미치게 되었다. 이를 볼 때 '언어는 사회적 산물이며 언어 평가 현장보다 그 사실이 명확히 드러나는 곳은 없다 (McNamara & Roever, 2013:vii~viii)'는 생각은 옳은 듯하다.

이제 우리는 언어 시험을 단순히 도구이자 방법으로 인식한 고전적 평가의 소극적 관점에서 탈피할 필요가 있다. "언어 시험은 오랫동안 사회적 사용 단면을 무시했고 문법과 어휘 지식의 분리된 조각을 측정하는 전통적인 심리측정학적 방법을 따랐다. 심리측정학적으로 좋은 시험이 반드시 사회적으로 좋은 시험은 아니다. 이 둘의 상관성은 사실 없다.(McNamara & Roever, 2013:4~5)"라는 생각에 동의한다면 이제는 전통적인 시험에 관한 낡은 인식에서 벗어나 언어 평가가 후속적으로 미치는 사회적 영향에 대해서 새롭게 눈을 뜰 때인 것이다.

한국어 교육의 평가 연구에서도 자주 거론되는 Bachman과 Palmer (1996, 1997)는 보편적인 의사소통 능력의 구성 요인 모형을 제안했으며 평가가 이루어지기 위한 요건 안에 사회적 영향력을 포함시켜 그 중요성을 강조하였다. 그러나 그들의 모형은 언어 능력을 구성하는 여러 인접 요소 간의 차이가 모호하며 외국어 교수-학습 환경에서 특히 중요한 사회문화적 맥락의 고려가 부족한 한계가 있다.

이제 평가 연구는 시험이 사회 안에서 어떠한 영향력을 미치는지를 질문하면서 수험자의 언어 권리, 정체성, 자존감 등에 관해 연구하고 언어 시험이 어떤 예상치 못한 사회적 파장을 가져오는지 등의 문제도 적극적으로 다룰 필요가 있다. 예컨대, 어떤 고비중 시험은 지나치게 거대 권력화되어 있는 건 아닌가, 특정 시험의 평가 기준이 수험자에게 차별적으로 작용하지는 않는가, 어떤 시험 내용은 특정 수험자에게 편파적이지 않는가 등의 문제에 대해 관심을 기울여야 한다.

④ 환류 효과(washback-effect)

평가가 교육에 미치는 긍정적이거나 부정적인 영향을 '환류 효과'라 한다. 다른 말로 '세환 효과, 역류 효과, 워시백 효과' 등으로도 불린다. 평가는 교육에 대해 보다 적극적으로 영향력을 행사하고 교육의 방향을 제시하며 교육의 목표와 내용, 방법까지 지배하기도 한다.(이완기 2003:28) 따라서 언어 평가 개발자는 평가가 후속 교육에 미칠 교수 내용이나 교수법 등에 관한 영향을 예측하여 그 영향력을 감당할 수 있는 범위와 정도 내에서 평가해야 할 것이다.

외국어 교육과정에서 평가는 교육과 결코 별개일 수가 없다. 일정 기간 동안 가르친 내용을 바탕으로 평가하고 그 평가의 결과를 분석하여 이후의 교육에 반영한다. 특히 어떤 언어 교육기관에서 기존의 교재를 다른 교재로 바꾸었거나 신임 교사를 채용했거나 새 학습자를 받아 일정 기간 교육을 한 경우에는 평가의 환류 효과를 적극적으로 고려해야 할 필요가 크다. 평가는 교육의 방향을 결정짓고 변화의 근거로 작용하는 중요한 기제로 작용하기 때문이다. 평가의 환류 효과를 강조하여 "만약 교육의 내용과 방법을 바꾸고자 한다면 어떤 행정적인 명령이나 지시보다도 평가를 바꾸는 것이 가장 효과적이다.(Baker 1989:100)"라고 한 연구자도 있다.

수험자는 언어 평가를 통해 시험을 준비하면서의 학습 경험, 시험 결과가 나왔을 때 받는 피드백, 시험 점수에 의한 결정 사항 등의 영향을 받는다. 이러한 영향이 곧, 학습자가 평가를 통해 얻는 환류 효과에 해당한다. 그러므로 학습에 유익한 평가, 차후의 교수-학습에 긍정적인 영향을 미칠 수 있는 평가, 시험 결과의 사용이 타당한 평가가 개발되고 시행되어야 한다. 이와 더불어 수험자에게 공지한 대로 약속을 지켜 평가할 뿐 아니라 평가 결과를 올바르게 사용하는가를 공개할 필요가 크다.

언어 교사도 평가의 환류 효과와 긴밀하게 연관된다. 시험이 교사의 수업 내용 및 방식에 미치는 영향 또한 매우 크기 때문이다. 만약 어떤 교사가 제아무리 문화 수업에 많은 열정을 투자하여 수업을 준비하고 진행했다

하더라도 정작 중간시험이나 기말시험은 문법과 어휘를 중심으로 한 소속 기관의 평가를 내려 받아 시행해야만 한다면 결국 그 교사는 자신의 수업 내용을 수정할 수밖에 없을 것이다. 그러한 경우가 시험의 부정적 환류 효과에 해당한다.

1 외국어 교육학에서 평가 분야를 연구하는 것은 어떤 함의가 있는가?
2 평가가 언어 교육에 미치는 긍정적 환류 효과로 어떤 것들이 있는가?
3 평가가 언어 교육에 미치는 부정적 환류 효과로 어떤 것들이 있는가?

토론

1 수험자의 능력을 완벽하게 평가하는 것이 가능할까? 평가가 가진 한계점이 있다면 무엇이고 이것은 어떻게 극복할 수 있겠는가?
2 여러분이 경험한 일 가운데 평가가 학습에 긍정적인 영향을 미친 적이 있었는가? 있었다면 그 경험에 대해 이야기해 보자.

과제

1 어떤 외국어이든 고부담 외국어 시험이 학습자에게 미친 사회적 영향을 다룬 사건을 찾아 정리해 보자.
2 한국어 능력 시험이 한국어를 배우는 외국인들에게 긍정적인 영향을 끼친 사례와 부정적인 영향을 끼친 사례에 대해서 조사해 보자.

📖 **더 보면 좋을 책과 자료**

- Bachman & Palmer(1996), 『Language testing in practice』, Oxford University press.
- 이완기(2003), 『영어평가방법론』, pp.58~61, 문진미디어.
- 신동일(2003), 「반실증주의적 패러다임에서 이해한 영어시험 사용자와 한국 영어평가학」, pp.53~78, 이영식 외, 『언어 평가의 이해』, 서울대학교 출판부.
- 지현숙 외(2012), 「한국어 학습자의 이야기구술 수행 담화에 대한 중간언어적 고찰」, 국어교육연구29호, pp.295~322, 서울대학교 국어교육연구소.
- T. McNamara & C. Roever(2013), 『언어 평가: 사회적 단면』, 신동일 외 역, pp.176~290, 한국문화사.
- 이은희(2014), 「한국어능력시험 평가 문항에 제시된 텍스트 특성 연구」, pp.447~468, 한중인문학연구44.
- 신성철(2014), 「평가, 교사 피드백 및 평가 항목에 대한 한국어 학습자의 인식 조사연구」, pp.51~75, 한국어교육 25권 4호, 국제한국어교육학회.
- 지현숙 외(2014), 「초급 한국어 학습자의 구어 산출 담화에 나타난 기능 실현 양상」, 외국어로서의 한국어교육 40권, pp.359~383, 연세대학교 언어연구교육원 한국어학당.
- 서울대학교 국어교육연구소 외(2014), 『한국어교육학사전』, pp.1005~1010, 하우.

제 3 장

언어 평가는
어떻게 변모해
왔 는 가 ?

이 단원을 공부하면…

◈ 고전적 평가란 무엇이며 어떤 점에 주력해서 평가했는지를 안다.

◈ 현대적 평가란 무엇이며 고전적 평가와 어떤 차이가 있는지를 안다.

◈ 앞으로 언어 평가는 어떻게 달라질 것인지 조망할 수 있다.

이야기 나누어 보기

◈ '고전적 평가'라 하면 어떤 느낌이 드는지 자유롭게 말해 보자.

◈ '현대적 평가'가 '고전적 평가'와 어떻게 다를지 떠오르는 생각을 서로 나누어 보자.

◈ 미래 사회에 언어 평가는 어떻게 달라질 것인지 예상되는 바를 이야기해 보자.

본 강의

1 고전적 평가의 개념
2 현대적 평가의 개념
3 고전적 평가와 관련한 주요 용어
4 현대적 평가와 관련한 주요 용어

3장에서는 언어 평가가 역사적으로 어떻게 변화해 왔는지에 대해서 다룬다. 먼저 고전적 평가의 개념을 설명하고 주요 특징을 살필 것이다. 이후 현대적 평가의 개념을 설명하고 주요 특징을 검토할 것이다. 이를 기초로 측정, 분리 평가, 선다형 시험 등 고전적 평가와 관련한 주요 용어의 개념과 핵심 내용을 다루게 될 것이다. 다음으로 현대적 평가와 관련한 추론, 통합 평가, 참 평가, 자가 평가 등에 관한 이해의 폭을 넓히기 위해 핵심 개념과 주요 특징을 살필 것이다.

① 고전적 평가의 개념

교육과 사회 구조에 관한 관점이 변하고 과학 기술의 빠른 발달, 교수도구의 진화와 언어관의 변모 등에 의해 평가가 교육에서 차지하는 위상도 달라져 왔다. 외국어 교육에서 평가가 어떻게 달라져 왔는지에 대한 견해는 크게 '고전적 평가와 현대적 평가'로 양분하는 입장과 '과학 이전 시기의 평가, 심리측정학적 평가, 의사소통적 평가'로 구분하는 입장, '실증주의적 평가, 대안적 평가, 비판적 평가'로 나누는 입장 등으로 정리할 수 있다. 본서는 과학 이전 시기의 평가와 심리측정학적 평가를 합쳐서 '고전적 평가'라 하고, 1980년대 초 구성주의 학습이론과 의사소통적 교수법이 부상하면서 나타난 의사소통적 평가를 '현대적 평가'로 통칭하여 살피고자 한다.

고전적 평가는 전통적인 문법번역식 교수법의 영향으로 언어 구조의 분석, 번역하기, 작문 등의 방법을 통해 문학 작품을 읽고 번역하는 능력을 평가하는 데에 주안점을 둔 1930년대의 평가에서 시작되었다. 이 시대의 평가는 문화적 가치가 높은 고전을 번역해서 전통을 잘 전수하는 것에 중요성을 두었기에 정확한 번역을 하기 위한 문법 능력을 중시하였다.

고전적 평가의 초기 경향은 어휘와 문법, 독해, 청해, 번역 등의 영역 구분과 그 가운데 특히 번역 능력을 평가하기 위한 문항이 주를 이루어 주관적이고 비과학적인 경향을 띤 것으로 보인다. 이후 고전적 평가는 시험의 점수로 문항을 분석하는 '고전 검사이론'에 바탕을 두고 선다형 시험과 분석적 채점을 중심으로 발전해 갔다. 고전적 평가는 심리측정학을 중심으로 한 평가 전문가에 의해 다양한 통계기법을 사용하여 '문항난이도'와 '문항변별도', '문항평이도' 등을 산출하고 측정의 객관성과 과학성, 신뢰도 등을 확보하기 위한 방향으로 나아갔다.

고전적 평가가 주력하는 것은 어떻게 하면 대규모의 수험자를 대상으로 한 표준화 시험이 갖추어야 할 평가의 요건들을 충족시키는가의 문제이다. 평가의 요건 가운데 특히 '신뢰성'을 갖추는 것이 가장 중요하고 필수적이라고 보아 일관성 있고 믿을 수 있는 평가의 결과를 얻는 것에 주력한 것이 고전적 평가의 가장 두드러진 특징이라 할 만하다.

② 현대적 평가의 개념

과학 기술과 교통수단의 혁신적 발달에 따른 인간 간 의사소통 방식의 변화로 의사소통적 언어관이 중시되면서 현대 언어 평가에 큰 변화가 일어났다. 앞서 살펴본 전통적 평가의 경향성과 달리 현대적 평가는 학습자가 언어 사용 상황에서 얼마나 능숙하게 수행 능력을 보이는지를 살펴 학습자의 실제 언어 능력을 추론하는 데에 주력한다. 또한 학습자의 중간언어적 발달과 정태적 부면들을 면밀하게 관찰하여 평가 이후의 교수–학습에 적극적으로 반영하려는 교육적 관심이 강하므로 신뢰도보다는 타당도에 더 큰 비중을 둔다.

현대적 평가는 언어 시험의 경험이 이후의 교수–학습에 보다 긍정적인 영향을 미칠 수 있도록 직접적이고 실제적이며 수행 중심적인 특징을 추구한다. 이에 더하여 현대적 평가는 실세계적인 맥락에서 학습자가 얼마나 총체적으로 언어를 사용하는가의 능력을 관찰하고 판단하여 진정한 언어 능력을 추론하는 것에 주안점을 두며, 지속적이고 연속적인 평가를 지향한다. 그러므로 수험자가 실제 삶에서 수행해야 하는 일이나 활동을 문항화한 '과제 기반성', '실세계 중심성', '맥락 및 의사소통 추구' 등의 특징이 강하다.

학습자를 중시하는 현대의 외국어 교육에서 기존의 전통적 평가는 학습자의 진정한 언어 능력을 교육에 지속적으로 반영하는 것이 어렵고, 세밀하고 총체적으로 평가해 내기 힘든 한계점이 있다. 전통적인 평가 방식이 학습자의 언어 능력을 측정할 수 있기는 하지만, 교사가 알고 싶은 학습자의 진정한 언어 숙련도에 대해서 과학적인 정보들을 제공해 주지 못하기 때문이다. 이를 극복하기 위한 움직임의 하나로 대안적 평가가 나오기는 했지만, 대안적 평가는 말 그대로 전통적인 평가 체계나 방식에 대한 하나의 대안일 뿐이지 현대적 평가를 담보한다고 하기는 어렵다.[1]

지금까지 설명한 고전적 평가와 현대적 평가의 특징을 정리하면 [표 1]과 같다. 일부 중복되는 특징도 있으나 대체적으로 다음의 경향을 띤다고 해

---

[1] '대안적 평가'에 대해서는 13장에서 본격적으로 다룬다.

도 무방할 것이다.

고전적 평가	현대적 평가
번역, 작문, 언어 구조의 분석을 중시	의사소통, 맥락, 언어 사용을 중시
과학적 측정을 중시	관찰과 판단을 중시
신뢰도를 우선함	타당도를 우선함
대규모 수험자를 다룸	소규모의 맞춤형 수험자를 대상으로 함
선다형 문항	개방형, 과제 기반형 문항
객관성을 절대시함	주관주의적 경향을 띰

[표 1] 고전적 평가와 현대적 평가의 특징

 # 고전적 평가와 관련한 주요 용어

1. 측정(measurement)

사전적 의미로 '측정'은 '1. 크기나 길이를 잼, 2. 헤아려 결정함'을 뜻한다. 측정 중심의 평가에서 시험은 학습자가 시험을 쳐서 획득한 점수를 바탕으로 자료를 수집하는 도구가 된다. 측정학적 관점의 평가는 평가자가 어떤 시험에 대해 특정한 가정이나 이론을 세운 후 이것이 참인지 거짓인지를 규명해 내는 접근법에 바탕을 둔다.

2. 분리 평가(discrete-tests)

하나의 문항은 하나의 평가 기준을 측정하기 위해 존재한다는 인식으로 개발된 평가를 말하며 선다형 시험이 대표적인 '분리 평가'이다. 분리 평가는 언어의 각 요소는 별도로 나누어져 있고 외국어 교육도 각각의 요소를 개별적으로 가르치고 평가해야 한다는 인식이 주를 이룬 전통적인 평가관에서 나왔다. 각 문항은 문법이나 어휘에 관한 단 하나의 지식에 초점을 맞추어 만들어지므로 세분화된 언어 능력을 효율적으로 측정할 수 있는 장점이 있다.

3. 선다형 시험

시험지를 통해 제시된 여러 개의 보기 중에서 지시문이 지정한 한정된 개수의 답을 선택해야 하는 평가 방식을 말한다. 다시 말해, 제시된 많은 선택지 가운데 제한적인 개수(주로 한두 개)의 정답을 골라야 하는 유형이 선다형 시험이다. 어떤 특정 어휘를 알고 있는가에 초점을 맞춘 어휘 문항이나 특정 문법 요소에 관한 지식을 측정하기 위해서 다양한 선택지를 주고 하나를 골라야 하는 형태가 선다형 시험에 해당한다.

4. 지필 평가[2]

'지필 평가'란 말 그대로 종이 시험지와 펜(연필)으로 쓴 답안지를 통해 평가하는 방식을 일컫는다. 현대적 평가에서의 컴퓨터 기반 평가나 포트폴리오 평가 등과 대조된다.

현대적 평가와 관련한 주요 용어

1. 추론(judgment)

추정 혹은 예측, 판단 등을 뜻하는 '추론' 중심의 평가는 시험을 통해 교실이나 학습에서 일어나는 현상이나 문제를 이해하고 설명하려는 차원에서 이루어진다. 현대에 들어 평가가 추론을 중시하게 된 것은 학습자가 학습의 주체가 되어 자율적으로 지식을 구성해 간다는 구성주의 교육이론이 반영되었기 때문이다. 추론을 중심으로 한 평가는 시험을 통해 수험자의 언어 수행을 관찰하여 실제 언어 사용 상황에서 어떠할 것인가를 깊이 있게 판단하고 예측하는 방식으로 진행되며 이를 통해 차후 교수–학습에 반영하는 선순환적 흐름을 가진다.

---

2) 지필 평가는 제4장 매체에 따른 시험의 분류에서 다시 다룬다.

2. 참 평가(authentic assessment)

수험자의 수행을 평가할 때 실제 세계에 존재하는 과제와 유사하게 고안하여 실시하는 평가가 '참 평가'이다. 실제 수행이 그 무엇보다도 중요하다는 의미에서 '진정한 평가(true assessment)'라고도 부른다. 참 평가는 평가 상황이 실제 상황과 유사해야 함을 특히 강조하는데 수험자의 수행, 산출물, 태도나 가치 등 실제 생활의 맥락에서 드러나는 정보를 얻기 위해 가능한 모든 방법을 사용해서 평가를 시행한다.

3. 통합 평가(integrative-tests)

언어를 이루는 다양한 요소에 관한 지식과 적절한 상황 맥락 안에서의 사용 능력을 통합한 평가를 가리킨다. 통합 평가는 전통적 평가에서의 분리 평가를 극복하기 위해 나온 방식으로서 언어 능력을 이루는 요소를 쪼개어 평가할 수 없다는 인식에서 출발한다. 이러한 점에서 통합 평가는 "언어 체계의 다양한 요소에 대한 지식과 언어를 상황에 적절하게 발화하고 해석하는 능력을 통합하는 평가로, 분리 평가에 대한 필연적인 보완책이다.(McNamara 2000:177)"라고 볼 수 있다.

4. 자가 평가(self-evaluation)

자신이 가진 언어 지식이나 수행 능력을 스스로 판단하는 것을 '자가 평가'라 한다. 자가 평가는 특히 학습자가 자신의 언어 수행 능력을 파악할 수 있도록 하기 위한 훈련의 한 가지로 사용되어 왔다. 경쟁적인 상황에서 객관적인 평가가 요구되는 경우에는 다수의 전문 평가자에 의해 엄격하게 평가되어야 하지만, 언어 발달이나 문제 해결 능력의 향상을 위해서는 자신을 파악하기 위한 자가 평가가 더 교육적이고 효과적일 수 있을 것이다.

5. 동료 평가

기존의 전통적 평가에서는 평가의 주체가 오직 교사였던 것이 변하여 학습자 집단이 평가에 참여하는 것을 가리킨다. 동료 학습자의 언어 수행을 평가하는 것에 동참하여 점수를 부여하거나 등급을 판정하고 의견을 제시하는 등의 방법으로 학습자 모두가 평가에 관여하는 것이 동료 평가이다.

6. 컴퓨터 기반 평가(computer based testing)[3]

'컴퓨터 이용 평가'라고도 하는데 평가에 각종 전자통신 기술이 활용되는 방식을 통칭한다. 1970년대 이후 컴퓨터의 기능이 확장되고 컴퓨터의 사용이 대중화됨에 따라 시험의 채점이나 결과 분석에 컴퓨터를 사용하는 컴퓨터 보조검사에서 한 단계 발전하여 시험 자체를 컴퓨터를 이용하여 실시하는 컴퓨터 기반 시험의 단계로 발전하였다. 대부분의 CBT는 컴퓨터를 통해 시험 입력물이 제시되고 수험자는 컴퓨터 키보드와 프로그램을 이용해 응답하는 방식으로 이루어진다.

7. 수행 평가

초창기의 외국어 교육에서 수행 평가가 사용된 이유는 누군가를 선발할 때 실제적인 언어 구사력이 중요했기 때문이었다. Morrow(1977)는 수행 평가와 의사소통 능력 평가를 연결지어 "실제로 언어를 사용할 수 있으며 평범한 상황에서 실제로 행동하여 보여 줄 수 있는 능력, 즉 실세계와 일치하는 방법과 상황에서 실제로 쓰고, 읽고, 말하고, 듣기 위해 언어를 사용하는 능력으로 전환시킬 수 있는 능력"이 '수행'이라고 정의하였다. 수행 평가는 언어적 능력보다는 의사소통을 위한 수행을 강조하고, 간접 측정보다는 직접적인 관찰을 중시하기 때문에 기존의 언어 평가 방식과 상당히 다르다. 수행 평가에서는 평가 개발자가 특정한 맥락에서 평가하는 과정을 설정하여 수험자로 하여금 말이나 글을 통한 언어 수행의 실제 예를 만들도록 하여 그 예를 평가자가 수집하고 평가해서 그 결과를 평가 사용자가 해석하는 과정 등이 포함된다.

8. 포트폴리오 평가

어떤 주제에 대해 수험자가 작성하거나 만든 것을 지속적이고 체계적으로 수집하여 이루어지는 평가로 대안적 평가의 일종이다. 포트폴리오 평가는 개별 학습자의 학습 과정을 지속적으로 관리하여 발달 자료를 수집할 수 있게 하고 교수-학습을 보다 구체적으로 개선할 수 있게 근거 자료

---

3) 컴퓨터 기반 평가는 제4장 평가의 유형에서도 다시 다루어진다.

를 제시하는 장점이 있다. 이는 특정한 주제 영역에 대하여 장기간에 걸쳐 수험자의 변화 및 진보를 판단하는 데 주로 활용되는데 대표적인 포트폴리오 평가의 예로는 다양한 장르의 글을 모은 문집이나 사진 앨범, 연구 논문, 작품 모음집 등을 통한 평가가 있다.

9. 대안적 평가[4]

한때 주류를 이루었던 고전적 평가와 특성을 달리하는 평가 체제를 가리킨다. 고전적 평가의 대부분을 차지했던 선다형 문항으로 구성된 표준화 시험에 대한 대안으로 나온 평가로 수험자의 수행, 산출물, 태도나 가치 등을 실제적인 삶과 관련지어 평가한다. 대안적 평가와 연관성이 있는 평가로는 앞서 다룬 참 평가, 자가 평가, 동료 평가, 수행 평가, 포트폴리오 평가 등이 있다.

---

4) 대안적 평가는 2부 마지막 장인 제13장에서 상세하게 다루어진다.

1 고전적 평가란 무엇이며 주요 특징으로는 무엇이 있는지 말하시오.

2 현대적 평가란 무엇이며 어떠한 특징을 가지는지 말하시오.

3 고전적 평가와 관련된 용어를 열거하고 각각의 개념을 설명하시오.

4 현대적 평가와 관련된 용어를 열거하고 각각의 개념을 설명하시오.

토론

1 언어 평가는 진보하고 있다고 생각하는가? 긍정적인 입장과 부정적인 입장으로 팀을 나누어 이야기해 보자.

2 미래사회에 언어 평가는 어떻게 달라질 것 같은지 전망해 보자.

과제

1 고전적 평가에 충실하여 선다형 문법 문항과 어휘 문항을 만들어 보자. 초급 한국어 학습자를 대상으로 문법은 '-이에요/예요'를, 어휘는 '과일 이름'을 평가하기 위한 문항을 두 개씩 만들어 보자.

2 외국인 유학생을 대상으로 포트폴리오 평가를 한다고 가정하고 이에 관해 구상해서 계획안을 만들어 보자.

📖 **더 보면 좋을 책과 자료**

• J. L. Herman eds.(2000), 『수행 평가 과제 제작의 원리와 실제』, 김경자 역, pp.25~37, 이화여자대학교 출판부.

• T. McNamara(2000), 『언어 평가』, 김성우 외 역, pp.175~183, 박이정.

• 최인철(2003), 「21세기의 언어 평가 방식: 컴퓨터 개별 적응 평가와 수행 평가의 발전 전망」, 이영식 외(2003), 『언어 평가의 이해』, pp.3~51, 서울대학교 출판부.

• 지현숙(2004), 「학습자 중심 한국어교육에서의 '대안적 평가'」, pp.233~252, 한국어교육 15권 2호.

• 지현숙(2004), 「한국어능력 평가에서의 의사소통 문화기술학의 적용」, pp.355~369, 이중언어학 26.

• 이준호(2009), 『한국어 수행 평가의 원리 및 방안 연구』, 고려대학교 박사학위논문.

• 나카가와 마사오미(2014), 『한국어 말하기 수행 평가 연구-일본 지역 학습자를 대상으로-』, 서울대학교 박사학위논문.

제 4 장

언어 시험은 어떻게 나눌 수 있을까?

이 단원을 공부하면…

◉ 외국어 능력 시험을 평가의 목적에 따라 분류할 수 있다.

◉ 시험을 매체에 따라 나눈다면 어떻게 분류할 수 있는지를 안다.

◉ 지필 시험과 컴퓨터 기반 시험의 장단점을 말할 수 있다.

이야기 나누어 보기

◉ 만약 어떤 시험을 전통적인 지필 평가로 응시하게 된다면 수험자의 입장에서 어떤 장점과 단점이 있을지 이야기해 보자.

◉ 인터뷰 시험과 컴퓨터 기반 시험 가운데 하나를 선택하여 말하기 평가를 주관해야 한다면 어떤 시험을 고르겠는가? 그 이유는 무엇인지 이야기해 보자.

본 강의

1 평가 방식에 따른 시험의 분류

2 매체별 분류

3 수험자 간 비교 유무에 따른 분류

4 평가의 규모에 따른 분류

5 평가의 목적에 따른 분류

4장에서는 언어 시험의 분류에 대해서 다루고자 한다. 언어 시험은 매우 다양한 기준으로 나눌 수 있다. 본서에서는 평가하는 방식은 어떠한가, 평가 도구가 어떤 매체로 만들어졌는가, 수험자끼리 비교하는가, 평가 규모는 어떠한가, 평가하는 목적을 무엇에 두는가 등의 기준으로 언어 시험을 나누고 이를 설명하였다. 이를 통해 한국어 능력 시험은 어떤 것들이 있는지를 조사하여 분류할 수 있고 시험 유형별 특징을 파악할 수 있을 것이다.

① 평가 방식에 따른 시험의 분류

언어 시험은 여러 가지 기준으로 분류할 수 있다. 본서에서는 평가하는 방식, 평가 도구가 사용하는 매체, 수험자 간 비교 유무, 평가 규모, 평가하는 목적 등의 기준으로 언어 시험을 유형화하고 이를 설명하고자 한다.

언어 교육 연구자 Brown은 평가하는 목적에 따라 직접 및 간접 평가, 분리 및 통합 평가, 절대 평가와 상대 평가, 객관식 및 주관식 평가 등으로 나눌 수 있으며, 시험이 제공하는 정보의 유형에 따라 숙련도 시험, 성취도 시험, 진단 시험, 배치 시험 등이 있다고 보았다.(Brown 2006:70) 이와 같은 '목적'과 '정보의 유형'에 따른 평가의 분류는 지나치게 광의적이다. 본서는 Brown과 관점을 달리하여 평가하는 방식, 평가 도구의 매체, 수험자 간 비교 유무, 평가 규모, 평가의 목적 등에 따라 평가를 다양하게 분류하고자 한다. 먼저 언어 능력을 평가하는 방식에 따라 직접 평가, 준직접 평가, 간접 평가로 분류할 수 있다고 보고 이에 대해 살펴보기로 하겠다.

1. 직접 평가(direct tests)

말 그대로 수험자의 특정한 능력을 '직접적으로' 평가하는 방식을 말한다. 평가의 기준으로 잡은 상황을 최대한 실제와 가깝게 모방할 필요성을 강조하는 접근 방법의 하나이다. 이를테면 운전면허 시험, 조리사 자격증 시험 등과 같은 것이 대표적인 직접 평가에 해당한다.

언어 능력 평가에서 직접 평가는 평가 기준을 충족시키기 위한 시험 상황을 현실 세계와 최대한 유사하게 구현하여 수험자가 언어를 실제로 사용하는 것을 통해 평가한다. 다시 말해서 구체적인 상황과 맥락, 청자와 화자 혹은 독자 등을 분명히 하여 언어 수행 능력을 평가하는 것이 직접 평가이다. 쓰기 시험 가운데 에세이 쓰기와 같은 것이 가장 대표적인 직접 평가에 해당한다.

2. 준직접 평가(semi-direct tests)

앞서 살펴본 직접 평가의 특성을 일부 살려서 평가하는 방식이므로 직접성과 간접성이 공존하여 '준간접 평가(semi-indirect tests)'라고도 불린다.

수험자의 의사소통 능력을 평가하고자 하나 이를 평가 상황에서 완벽하게 구현할 수 없는 현실적인 어려움 때문에 일부는 언어를 실제로 사용하는 것을 통해 평가하고 또 일부는 간접적으로 평가하는 것이 '준직접 평가'이다. 예컨대 시험 입력물이 CD나 컴퓨터의 음성 파일로 제시되고 수험자는 이를 들은 후 녹음기나 컴퓨터에 응답하여 채점하는 말하기 시험과 같은 것이 준직접 평가에 해당한다.

3. 간접 평가(indirect tests)

언어 능력 평가에서 '간접 평가'는 평가 기준을 충족시키는 문항을 만들어 이를 통해 수험자의 언어 능력을 측정하는 평가를 말한다. 즉, 언어 사용 능력을 간접적인 수단과 방법으로 측정하는 방식을 말한다.(이완기 2003:35) 따라서 수험자의 실제 수행을 관찰하여 평가하는 직접 평가와 분명하게 구분된다. 만약 수험자의 문법 능력을 평가하기 위하여 문법과 관계되는 지식을 선다형으로 묻는 시험이 있다면 이것이 간접 평가에 해당한다.

어떤 외국인이 한국어 문법과 어휘를 많이 알고 있다고 해도 그가 반드시 한국어를 잘 말하고 잘 쓰는 것은 아니다. 평가는 그 자체가 인위적이고 목적 지향적이기 때문에 학습자의 진정한 언어 능력을 정확하게 평가한다는 것이 불가능하다. 그럼에도 평가는 필요하기 때문에 신뢰도와 실용도가 담보된다면 간접적으로라도 평가를 할 수밖에 없다. 이런 이유로 간접 평가는 존재해 왔는데 이때 평가 개발자가 유념해야 할 점은 언어 시험에 직접성을 최대한 녹여 내는 일이다.

② 매체별 분류

연필과 지우개, OMR 카드, 컴퓨터 등 매체에 따른 시험의 분류에 대해 살펴보자. 본서에서는 상세한 설명을 생략하고 명칭 위주로 다룬다.

1. 지필 시험(paper-and-pencil tests)

집단적으로 또는 개인적으로 종이와 연필을 사용하여 수행하는 방식의 시험을 가리킨다.

2. OMR(optical mark reader) 시험
컴퓨터 입력 장치의 일종인 광학 표식 판독기를 이용한 시험을 말한다.

3. 구술 시험(oral examination)
말하기 평가에 가장 많이 사용되는 시험으로 면접관과 수험자가 직접 상호작용하여 구두 의사소통을 하는 방식의 시험을 가리킨다.

4. 컴퓨터 기반 시험(computer based tests)
수험자가 시험을 치를 때 컴퓨터의 스크린과 키보드(또는 마우스)를 사용하여 문항에 응답하는 방식으로 시행되는 시험을 말한다.

❸ 수험자 간 비교 유무에 따른 분류

평가의 결과를 수험자 집단 안에서 상호 비교하는지의 여부에 따라 상대 평가와 절대 평가로 나눌 수 있다. 본서는 상대 평가는 규준 참조 평가로, 절대 평가는 준거 참조 평가로 번역하여 쓰이는 점을 감안하여 이를 함께 다룰 것이다.

1. 상대 평가
평가의 결과를 수험자끼리 서로 비교하여 점수를 부여하고 순위를 매기는 방식의 평가를 말한다. 상대 평가는 '규준 참조 평가(norm-referenced assessment)'라 불리기도 하는데 "수험자 집단이 보이는 전형적인 수행의 범위에 대비해서 상대적으로 평가되는 측정 방법이다."(McNamara 2000:179). 현대사회에 들어와 정해진 목적에 따라 필요한 인원수만큼만 선발해야 하는 일이 빈번하기 때문에 상대적인 비교를 통해 평가의 결과를 산출하는 일이 불가피해졌다. 따라서 입학, 입사, 장학금 수혜 등 중대사를 결정하는 고부담 시험의 대부분이 상대 평가를 실시한다. 상대 평가는

수험자 간 비교가 쉽고 평가 기준이나 채점 기준의 자의성이 낮은 특성이
있다.

2. 절대 평가

수험자의 지식이나 수행 능력을 사전에 정한 수행 준거나 목표에 의거하
여 직접 해석할 수 있도록 만든 시험을 말한다. 절대 평가를 위한 언어 시
험은 각 수험자의 능력을 어떤 표준이나 기준에 얼마나 도달했는지를 확인
하도록 제작되며, 수험자의 점수는 다른 수험자나 규준집단과 상대적으로
비교하지 않는다. 즉, 이 시험의 목적은 수험자 개인이 도달한 성취 수준이
유의미한가를 해석하고 수험자 각각이 '무엇을 할 수 있는가?'를 파악하는
데에 있는 것이지 다른 수험자와 비교하는 것에 있는 것이 아니다. 절대 평
가는 '목표 지향 평가'나 '준거 참조 평가(criterion-referenced assessment)'
라 번역되어 쓰이기도 하는데 궁극적으로는 교육 목표의 달성에 기여하는
진단적인 기능을 중시한다고 볼 수 있다.

평가의 규모에 따른 분류

수험자가 수천 명 이상의 대규모인가, 그렇지 않은가에 따른 분류이다.
본서는 평가의 규모에 따라 표준화 시험과 교실 시험으로 명명하고 이를
설명하기로 한다.

1. 표준화 시험

사전에 시행한 예비 평가에서 도출된 샘플 집단의 평가 결과를 이용하
여 기준을 설정한 후 이 기준을 토대로 만든 시험이 표준화 시험이다. 표준
화 시험에서 산출된 개인별 점수는 특정 수험자가 샘플 집단과 비교하여
상대적으로 얼마나 잘했는지를 알려 주는 측정치이다. 표준화 시험은 평가
도구 개발 전반에 대해서 체계성과 일관성을 가지므로 신뢰도가 보장되는
반면에 타당성 확보는 어려운 경우가 많다. 대표적인 표준화 시험으로는
TOEIC, HSK, JLPT, TOPIK 등이 있다.

2. 교실 시험

언어 교실을 단위로 하는 소규모 시험을 가리킨다. 일정 기간 동안의 수업이 이루어지고 나서 치르는 중간고사와 기말고사가 교실 시험의 대표적인 예이며 전체 학기 동안 수시로 이루어지는 퀴즈나 수행 평가 등도 교실 시험의 일종이다. 언어 능력 평가에 대한 연구는 일차적으로 이 교실 시험을 대상으로 이루어지는 것이 합당하며 이에 관한 연구를 토대로 대규모 시험에 대한 연구로 확대되는 것이 보통이다.

⑤ 평가의 목적에 따른 분류

외국어 교육에서 어떤 목적으로 평가를 시행하는가에 따라 배치 시험, 진단 시험, 숙달도 시험, 성취도 시험 등으로 분류할 수 있다. 이들 시험을 간략히 살펴보자.

1. 배치 시험

학습자를 알맞은 언어 교육 프로그램이나 학급에 배치하기 위해 실시하는 시험을 말한다. 외국어 교육 프로그램에서 배치 시험은 소정의 학기 동안 교육과정이 다룰 내용에 대한 타당도를 가지는 것이 가장 중요하다.

2. 진단 시험

학기 초에 학습자들의 출발점 행동에 관한 정보를 얻기 위한 목적으로 제작되거나 사용되는 평가 도구를 말한다. 정확한 진단 정보를 얻기 위해서 상대 평가, 절대 평가, 진단 성취도 시험 등이 다양하게 활용될 수 있다.

3. 숙달도 시험

특정한 교육과정이나 교육기관, 교재 혹은 교사 등과 무관하게 학습자가 가진 전반적인 언어 능력을 파악하기 위해 보는 시험을 가리킨다. 따라서 특정 교육기관, 교재가 전제된 성취도 시험과 구분된다. 예전의 숙달도 시험은 주로 선다형 방식을 썼으나 현대에 들어와 다양한 정보통신 기술을 활용하여 개방형의 과제 수행 평가 방식을 접목하게 되었다. 표준화 시험이면서 숙달도 시험이기도 한 예는 TOEFL, HSK, TOPIK 등이 있다.

4. 성취도 시험

특정 교육기관이 일정 수업 기간 이내에 달성한 교육 내용의 성취 정도를 평가하기 위한 시험을 말한다. 성취도 시험은 일정 기간 동안 다룬 내용과 목표를 학습자들이 얼마나 잘 성취했는가를 평가하기 위한 것이기 때문에 일정한 교육이 이루어진 후 목표로 삼은 교육이 얼마나 달성되었는가를 판단하는 것이 주요 목적이 되고 따라서 내용타당도가 특히 중요하다. 또한 "성취도 시험은 교실 수업, 단원 혹은 전체적인 교육과정과 직접 연결되어 있으며, 주어진 시간 내에 교육과정에서 언급된 특정한 자료에 한정되고(혹은 한정되어야 하고), 수업이 해당 목표에 중점을 두어 진행된 후에 이루어져야 한다."(Brown, 2006:70). 주로 중간고사, 기말고사, 퀴즈 등을 통해 성취 여부를 평가한다.

1 평가하는 방식에 따라 언어 시험은 어떻게 분류할 수 있는가?

2 평가 도구가 어떤 매체인가에 따라 언어 시험은 어떻게 분류할 수 있는가?

3 수험자 간 비교 유무에 따라 언어 시험은 어떻게 분류할 수 있는가?

4 표준화 평가와 교실 평가의 차이는 무엇인가?

5 평가하는 목적에 따라 언어 시험은 어떻게 분류할 수 있는가?

토론

1 한국어 숙달도를 평가하기 위한 말하기 시험을 기획해야 하는 상황이다. 어떤 방식으로 시험을 만들고 진행하겠는가? 그 이유는 무엇인가?

2 교실 수업에서 한국어 학습자들의 쓰기 능력을 평가하고자 한다고 하자. 어떠한 평가 방법을 사용하면 좋을지 토론해 보자.

과제

1 대표적인 영어 시험, 중국어 시험, 일본어 시험, 한국어 시험에는 어떤 것들이 있는지 조사하여 다양한 분류 기준을 세워 나누어 보자.

2 제4장에서 분류한 시험의 유형 외에 어떠한 기준으로 언어 시험을 분류할 수 있을까? 다양한 외국어 시험의 유형 분류 체계를 만들어 보자.

더 보면 좋을 책과 자료

- 이완기(2003), 『영어평가방법론』, pp.35~38, 문진미디어.
- 지현숙(2006), 「한국어 인터뷰 시험 담화에서 나타난 구어 문법적 오류 분석」, 한국어교육 17권 3호, pp.301~323.
- H.D.Brown(2006), 『원리에 의한 교수』, 권오량 외 역, pp.470~521, Longman.
- 지현숙(2008), 「한국어 말하기 시험에서의 '이야기 口述 課題' 연구」, 어문연구 139호, pp.345~369.
- 서울대학교 국어교육연구소 외(2014), 『한국어교육학사전』, pp.1020~1051, 하우.
- 김상경 외(2014), 「학문 목적 한국어 말하기 평가 과제 유형 개발 연구 —다국면 라쉬 모형과 일반화가능도 이론 적용을 중심으로—」, 새국어교육 100, pp.115~141.

제 5 장

왜 타당도가 신뢰도보다 중요한가?

이 단원을 공부하면…

◉ 언어 평가에서 타당도의 개념을 이해하고 예를 들어 설명할 수 있다.
◉ 언어 평가에서 신뢰도의 개념을 이해하고 예를 들어 설명할 수 있다.
◉ 타당도가 신뢰도와 어떻게 다른지 구분해서 예시화할 수 있다.
◉ 시험을 개발할 때 타당도와 신뢰도를 높이기 위한 방안에 대해 알 수 있다.

이야기 나누어 보기

◉ 지금까지 여러 시험을 경험하면서 부당하다거나 실망스러운 느낌을 가진 적이 있었는가? 그
   경험에 대해 이야기해 보자.
◉ 시험이 '타당하다'와 '신뢰가 간다'는 어떤 차이가 있는 것 같은가? 이 둘의 차이점에 대해 이
   야기를 나누어 보자.
◉ '타당도'와 '신뢰도' 중에서 무엇이 더 큰 개념으로 생각되는가? 그렇게 생각하는 이유는 무엇
   인가?

본 강의

1 타당도
2 신뢰도
3 실용도
4 시험의 타당도를 저해하는 요인과 극복 방안
5 시험의 신뢰도를 저해하는 요인과 극복 방안

설계되고 개발된 평가가 효과적인지, 믿을 만한 시험인지, 측정하고자 하는 것을 효율적으로 측정하는지를 확인하는 논의는 보통 평가의 요건으로 말한다. 대표적인 평가의 요건은 '타당도', '신뢰도', '실용도'로서 이 세 가지가 확보되었을 때 좋은 시험이 된다. 5장에서는 평가가 갖추어야 할 요건에 대해서 다룬다. 다양한 평가의 요건 가운데 핵심적인 '타당도', '신뢰도', '실용도'에 대해 상세하게 살피고 타당도 혹은 신뢰도의 저해 요인을 점검함으로써 좋은 시험을 만들기 위한 지식을 함양할 수 있을 것이다.

① 타당도(validity)

'타당하다'라는 단어의 사전적 의미는 '이치에 맞다, 목적에 맞다, 혹은 합당하다'이다. 어떤 시험이 '타당성'이 있다고 말하기 위해서는 점수를 통해서 예측할 수 있는 언어 능력을 뒷받침하는 근거가 확실해야 한다. 즉, 평가가 의도한 것을 얼마나 제대로 평가하는지에 관한 특성이 타당성이다.

타당성은 어떤 시험을 설계할 때 주로 구인과 평가 방법에 관여함으로써 그 시험의 근간을 만들어 준다. 타당성은 '구인 타당성', '내용 타당성', '공인 타당성' 등으로 구분할 수 있고 그 타당한 정도를 '타당도'라 칭한다. 즉, 어떤 시험이 평가하려고 목적하는 것을 제대로 평가하는 정도가 타당도이다. 부연하자면, 시험 점수에서 도출된 특정한 추론이 적절한지, 의미 있는지, 그리고 유용한지에 대한 정도가 타당도이다. 대표적인 타당도인 내용 타당도, 준거 타당도, 구인 타당도, 안면 타당도, 공인 타당도 등에 대해 상세하게 살펴보도록 하자.

1. 내용 타당도

교육 내용을 골고루 담고 있는지 검사로 측정하고자 하는 구인을 문항이 고르게 대표하는 정도를 말한다. 즉, 내용 타당도는 평가 도구가 측정하고자 하는 목적에 맞는 내용을 얼마나 대표성 있게, 또 얼마나 광범위하게 선정해서 포함시켰느냐에 관한 특성이다.

언어 교육기관에서 실시하는 성취도 평가에서 "내용 타당도는 교육과정의 내용, 즉 가르친 내용을 얼마나 골고루 많이 포함하고 있느냐로 판단할 수가 있다.(이완기 2012: 42)" 만약 한 교육과정의 목표가 열 가지를 가지고 있는데 평가에서는 세 개의 목표만을 다룬다면 이는 내용 타당도에 문제가 있는 것이다. Brown(2006:42)에서는 내용이 시험의 타당도를 지지하는 '유일한' 증거는 아니지만, 교사는 퀴즈, 중간시험 및 기말시험에서 구인 타당도를 검증에 할애할 시간과 예산을 가지고 있지 않으므로 교실 기반 시험의 타당도를 확보하는 데에는 교사가 내용 타당도를 높이 존중하는 것이 중요하다고 보고 있다. 즉, 구인 타당도가 외국어 시험의 타당도를 검증하는 데 중요한 문제이지만, 실용성으로 인해 모든 내용을 포함할 수 없기에 성취도 평가에서는 내용 타당도가 시험 타당도의 중요한 원천이 된다.

Hughes(2012:32)는 내용 타당도의 중요성에 대해 다음 두 가지로 설명하고 있다. 첫째, 시험의 내용 타당도가 높을수록 시험이 측정하고자 하는 것을 정확히 측정할 수 있는 가능성이 더 높아진다. 둘째, 내용 타당도가 낮은 시험은 해로운 역류 효과를 나타낼 우려가 높다. 즉, 시험에서 다루어지지 않은 영역은 수업에서 소홀히 하기 쉽고, 시험 내용은 중요한 것보다는 평가하기 쉬운 것에 의해 결정되는 일이 잦다는 것이다.

'내용 타당성'은 교육에서 다룬 내용을 시험에서 얼마나 대표성 있게 다루었는가를 가리키는데 특정한 내용에 편협되지 않고 주요 내용을 골고루 출제해야 내용 타당성이 있는 시험이 될 수 있다. 예를 들어 한 학기 동안 1과부터 15과까지의 내용을 다루었으면서 기말시험은 10과에서만 출제되었다면 내용 타당성이 낮은 시험이 된다.

2. 구인 타당도

'구인(construct)'은 평가를 설계하는 초기 단계부터 시험 개발이 완료될 때까지 중심적인 역할을 하므로 설계 단계에 '구인'을 명확하게 정의하여야 타당성이 높은 시험이 될 수 있다. 이러한 이유로 흔히 평가 도구의 타당성은 구인 설정에서 시작된다고 말한다. 만약 어떤 평가에서 구인이 타당하지 않다면 그 시험의 점수를 사용할 시험 관련자에게 해당 시험이 타당하지 않다고 인식하게 만들 가능성이 높다.

구인 타당도는 한 평가가 이론적으로 타당한 원칙과 바탕을 가지고 만들어졌는지를 나타내는 지표이다. 여기에서 구인은 평가의 목적에 따라 추상적이고 관념적인 인간의 언어 능력을 선택하여 목록화한 것으로 언어 능력을 이루는 구성 요소에 대해서 조작적으로 정의하여 수험자를 대상으로 '무엇을 평가할 것인가'를 기술한 것을 말한다(지현숙, 2006).

언어 평가에서 구인 타당도는 특정한 시험의 내용이 측정하려는 언어적 능력을 정확히 반영하고 있는가의 문제에 관여한다. 따라서 구인 타당도는 "평가가 목표로 하는 바를 측정하기 위해서 여러 가지 언어 이론, 학습 이론, 교수 중 채택한 이론적 바탕이 어느 정도 타당하느냐에 관한 것이다(이완기 2012:44)." 만약 한국어 쓰기 능력을 평가하기 위한 시험에서 구인을 '정확성, 내용, 철자법, 글씨체'로 정했다면 글씨체는 쓰기 능력과 큰 상관성이 없으므로 구인 타당도를 떨어뜨린다고 할 수 있다.

3. 안면 타당도

안면 타당도는 '표면 타당도, 액면 타당도' 등으로도 불리는데 평가 사용자의 입장에서 평가를 바라보았을 때 적절해 보이는 정도를 뜻한다. 즉, 학습자, 교사, 교육행정가 등이 어떤 시험에 대해서 건 기대에 얼마나 부응하는가, 평가의 결과를 사용하는 것이 얼마나 유용하다고 보는가의 정도가 안면 타당도이다.

어떤 시험이 평가하고자 하는 것을 평가하는 것처럼 보이면 이 시험은 안면 타당도가 있다고 말한다. 예를 들면, "발음 능력을 측정하고자 하는 시험이 수험자에게 말을 하도록 하지 않는다면 이 시험은 안면 타당도가 결여되었다고 할 수 있다(Huges, 2012:39)."

4. 기준 타당도

어떤 시험에서의 점수가 준거에 얼마나 관계되어 있는가의 정도가 기준 타당도이다. 기준 타당도를 확보하기 위해서는 1차적으로는 평가하고자 하는 것을 평가할 수 있도록 기준이 잘 정해져야 하며 2차적으로는 그 기준에 부합하는 문항이나 과제가 결합되어야 한다. 즉, 평가할 대상으로 정한 구인이나 규준이 잘못 정의되었거나 부적절하게 설정되었다면 기준타당도는 낮을 수밖에 없고 특정 구인을 평가하기 위한 문항이 평가 내용이나 방법 등에서 올바르지 않다면 기준 타당도를 떨어트린다. 기준 타당도에 대한 이해를 높이기 위해 읽기 영역의 문항 하나를 제시하기로 한다. 아래 문항은 한국어 '읽기' 능력을 측정하기 위한 것이 아니라 한국어로 된 문항 아래 번역된 몽골어를 보고 '주차금지'에 해당하는 '세상지식'을 평가하기 위한 것이어서 타당하지 않다.

39. 다음 중 "이곳에 차를 세울 수 없습니다"라는 뜻의 표지는 어느 것입니까?
Дараахаас "аюулгүй байдлын гутал өмсөөрэй" гэсэн утгатай тэмдэг аль вэ?

[그림 2] EPS한국어능력시험의 읽기 문항

5. 공인 타당도

'공인 타당성'은 이미 타당성을 확보하여 시행되고 있는 시험에 대해 새로운 시험이 얼마나 높은 상관성을 가지는가의 특성을 말한다. 만약 널리 공인된 평가 도구 A와 비교 대상인 평가 도구 B가 높게 상관되어 있는 결과를 얻었다면 B는 평가하고자 하는 목표를 충족했다고 인정할 수 있게 되어 높은 공인 타당도를 얻게 된다. 언어 평가의 설계자는 높은 타당도를 확보하기 위해 다각적으로 숙고하고 과학적인 원리에 입각해서 제대로 시험을 만들어 내는 것이 시험을 믿을 수 있게 만들어 주고 평가의 결과를 수긍하게 해 준다.

② 신뢰도

신뢰가 있다는 것은 '믿을 만하다, 틀림이 없다'는 의미이다. 어떤 시험이 신뢰성(reliability)이 있다는 것은 시험 점수를 통해서 추론해야 하는 수험자의 능력을 믿을 수 있다는 것을 뜻한다.

언어 능력이 비슷한 수험자를 대상으로 시험을 실시하였을 때 점수가 일관성 있게 나온다면 그 시험은 신뢰도가 높다고 말한다. 신뢰도는 평가 도구 자체의 신뢰도와 한 명의 채점자가 얼마나 일관성 있게 채점하였는가를 다루는 '채점자 내 신뢰도', 두 명 이상의 채점자가 얼마나 큰 차이 없이 점수를 매겼는가를 다루는 '채점자 간 신뢰도' 등으로 나눈다.

1. 평가 도구 자체의 신뢰도

시험 자체가 얼마나 믿을 만한가의 정도를 의미한다. 어떤 시험이 신뢰도가 높다고 한다면 유사한 수험자 집단을 대상으로 반복해서 시험을 실시하여도 편차나 석차 등의 결과가 변함이 없어야 한다.

평가 도구 자체의 신뢰도를 높이기 위해서는 1차적으로 평가 문항수가 많아야 한다. "평가의 신뢰도를 평가 문항의 내적 일치도의 측면에서 본다면 한 평가에 형태와 내용이 비슷한 문항을 더 추가하여 문항수를 늘릴 경우 수험자는 전체 문항에 걸쳐서 비슷한 정도로 답을 할 것이고 점수 분포의 폭은 넓어질 것이다. 그렇게 되면 측정오차가 상대적으로 줄어들 수 있고 평가 자체 신뢰도는 올라갈 수 있다(이완기 2004:48)." 평가 도구 자체의 신뢰도를 높이는 방법은 다양한데 평가 문항수를 늘리는 방법이 권할 만하고 우수 학습자와 그렇지 않은 학습자를 구별해 주는 문항 변별도를 높이는 방법, 적정한 수준으로 문항의 난이도를 유지하는 것, 시험 시간의 합리적인 안배 등이 추천할 만하다.

2. 채점자 간 신뢰도

두 명 이상의 채점자들이 수험자의 평가 수행에 점수를 부여한 것이 얼마나 일치하는지에 대한 정도를 가리킨다. 어떤 주어진 평가 수행을 각각의 채점에 근거해서 한 채점자의 채점을 다른 사람의 채점으로부터 유추해 낼 수 있는 정도를 설명하는 통계지표를 말한다.(McNamara 2000:178)

만약 어떤 채점자가 관용적이고 허용적인 성향이 강하여 한 수험자의 말하기 시험의 수행에 대해서 매우 높은 점수를 주고 또 다른 채점자는 반대의 성향을 가져 낮은 점수를 주었다면 이들의 채점자 간 신뢰도는 낮아질 것이다. 이와 같은 말하기 시험 외 쓰기 시험과 같은 주관식 시험은 특히 채점자 간 신뢰도를 확보하는 것이 중요하다.

③ 실용도(practicality)

어떤 평가 도구를 실제로 사용할 때 인력, 공간, 시간, 자원 등이 얼마나 충족되는가와 관련되는 특성이 실용도이다. 결국 실용도는 특정 시험과 자금(돈)과의 충족 정도를 가리킨다고 할 수 있다.

실용도는 특히 고부담 시험에서 지켜져야 할 중요한 요건이다. 하나의 시험이 시행되려면 설계자, 문항 개발자, 채점자, 면접관, 감독관, 운영요원 등 적정한 인력이 확보되어야 하며 시험 개발에 필요한 시간, 시험 치는 시간, 채점 기간 등의 시간 안배, 보안을 유지할 공간, 부정행위 방지를 위한 시험장, 채점을 위한 온라인 프로그램이나 공간의 확보 등 다양한 요소에 대한 철저한 고려가 필요하다. 또 전문성을 갖춘 면접관과 채점자의 확보, 이를 위한 재정 마련 등의 자원이 부족함 없이 구비되어야 한다. 이와 같은 다양한 요소를 고려하여 너무 많은 인력, 시간과 공간, 자원이 동원되어야 한다면 실용도는 낮아지게 되고 결국은 시험 개발 자체를 포기하게 만들기도 한다.

이렇게 볼 때 평가의 실용성은 평가의 '타당성'과 갈등 관계를 가진다고 말할 수 있다. 예컨대, 말하기 시험이 타당성을 가지려면 적어도 두 명 이상의 전문 평가자가 수험자의 직접적인 말하기 수행을 상당 시간 동안 관찰하여 평가해야 하는데 그렇게 하자니 시간과 인력은 너무 많이 들어서 실용성은 낮아지기 때문이다. 그래서 새로운 평가 도구를 계획할 때에는 타당성과 실용성에 관한 '지혜로운 타협'이 필요하다.

④ 시험의 타당도를 저해하는 요인과 극복 방안

언어 평가가 타당하지 않다고 인식되는 데에는 다양한 원인들이 존재한다. 일차적으로 평가의 목적에 부합하지 않는 내용들이 포함되었거나 점수를 사용하기 위한 용도를 충족시키지 못하는 문항으로 구성되었다면 타당한 시험이 되기 힘들다. 또한 구인이 합당하지 않게 설정되었거나 평가 기준이 불합리하게 정해졌다면 타당도가 낮은 시험이 될 것이다. 이완기(2003:46~47)에서는 타당도 저해의 요인으로 평가 방법의 불합리성, 평가 내용 선정의 부적절성, 수험자의 비협조, 준거집단의 부적절성, 평가 기준 선정의 부적절성, 평가 내용의 과대 간소화, 구인 요소 선정의 부적절성 등이 있다고 보았다.

언어 시험을 개발할 때 타당도를 확보하기 위한 방안은 다양한 차원에서 모색할 수 있다. 크게 세 가지 부면에서 타당도를 높이기 위한 방안을 제안한다.

1. 시험의 내용

평가의 타당도를 높이기 위해서는 교육과정이 다룬 내용을 시험에서 대표성 있게 다루어야 한다. 자칫 잘못하면, 시험의 내용 면에서 중요한 것을 골고루 다루기보다는 평가하기 쉬운 것을 시험 문제로 만듦으로써 교육 내용을 과대 간소화하는 일이 발생한다. 특정한 교육 내용에 치우치지 않고 중요한 내용을 골고루 출제해야 타당성이 있는 시험이 될 수 있다. 이렇게 해서 내용 타당도를 높이면 높일수록 시험이 평가하고자 하는 것을 정확히 평가할 수 있게 되어 긍정적인 세환 효과를 거둘 수 있다. 앞서 살펴보았듯이, 시험이 다루지 않은 영역은 교수-학습에서 소홀히 하기 쉽고, 교육 내용의 범위를 편협하게 가져가거나 일부 내용에만 집중하게 만들기에 교육 내용을 시험에 고르게 다루는 것은 시험의 타당성 향상에 기여한다.

2. 평가 기준의 선정

타당도가 높은 시험은 무엇을 평가할 것인가의 기준이 적절하고 설득적이어야 한다. 평가 기준이 불합리하거나 한 문항에 너무 복잡한 평가 기준을 채택하거나 그 개념이 모호하다면 평가하려는 것을 제대로 평가하지 못하는 결과를 초래한다. 평가의 내용이나 방법 등이 적절하다 하더라도 평가 기준 자체가 부적절하다면 그로 인해 그 평가 전체는 타당도에 손상을 입는 결과를 가져올 것이다.(이완기 2003:45) 평가의 타당도를 높이기 위해서는 우선 평가하고자 하는 것을 평가할 수 있도록 기준이 잘 정해져야 하며 그 기준에 부합하는 문항이나 과제가 유기적으로 결합되어야 한다.

3. 문항의 상호작용성

교육 내용이 온전하게 반영되고 평가 기준이 적절하게 설정되었다면 시험 개발자는 어떻게 하면 각각의 문항이 수험자와 상호작용을 잘 할 수 있게 할 것인가에 주력해야 한다. 시험의 목적에 부합하는 문항으로 구성되고, 문항별 지시문이 애매함 없이 분명하고, 그림이나 도표, 사진, 음성 녹음 등의 시험 입력물이 실제적이고 정확하며 효과적으로 구현되는 등 문항과 수험자 간의 상호작용성이 높아야 그 시험에 응한 수험자는 자신의 언어 능력을 최대로 발휘할 수 있고 평가의 타당성은 높아진다.

⑤ 시험의 신뢰도를 저해하는 요인과 극복 방안

평가 도구의 결과를 믿기 힘들고 점수가 일관성 없게 나온다면 그 시험은 신뢰도가 낮다고 말한다. 평가의 신뢰도는 '점수'로 결정되며 이는 곧 문항 자체가 오류가 없고 채점자 1인 혹은 다수가 일관성 있게 점수를 부여해야 얻어지는 결과이다. 앞에서 살펴본 대로 어떤 시험이 타당하려면 일단 신뢰도가 확보되어야 한다. 즉, 시험의 점수가 일관성 있게 나와서 평가 도구 자체가 결함이 없어야 타당도까지 기대할 수 있다.

어떤 시험이 낮은 신뢰도를 나타내는 것에는 몇 가지 주요 원인들이 있다. 첫째는 수험자의 능력을 구분하는 문항 난이도가 낮아서 측정 오차를 발생시키기 때문이다. 너무 어렵거나 너무 쉬운 문항으로 이루어진 시험은 결과를 믿을 수 없게 한다. 둘째는 문항의 절대수가 적어서 수험자의 전반적인 언어 능력을 잴 수 없는 경우 신뢰도가 낮아진다. 평가의 신뢰도를 높이기 위해서는 기본 분량 이상의 문항이 확보되어야 하며, 이로써 측정 오차를 최소화할 수 있다. 셋째는 채점 기준이나 배점, 채점자 훈련 등 채점 과정에서 신뢰도를 저해하는 요소를 미연에 방지하지 못했을 경우 신뢰도가 낮을 수밖에 없다. 분명한 채점 기준을 설정하고 각 채점자들에게 명확한 채점 방법을 숙지시켜야 일관성 있는 결과를 얻을 수 있다.

언어 시험을 개발할 때 신뢰도를 높이기 위한 다양한 방안이 있다. 본서는 다음과 같은 신뢰도 확보 방안을 제안한다.

1. 문항의 수

평가의 신뢰도를 높이기 위해서는 가급적 많은 수의 문항이 확보되어야 측정 오차를 최소화할 수 있다. 어떤 하나의 구인에 대하여 다양한 형태의 문항이 만들어진다면 수험자 저마다가 가진 능력을 보다 정확하게 측정해 낼 수 있을 것이다. "한 평가에서 문항의 수가 많으면 많을수록 수험자의 취득 점수 분포의 범위가 넓어지고 개별 수험자 간의 차별성이 더 분명히 나타나게 되며 결과적으로 취득한 점수의 등위가 바뀔 가능성이 적어진다(이완기 2003:50)." 그러나 신뢰도 확보를 위해 문항의 수를 무한정 많이 만들 수는 없다. 실용적이지도 못하고 통계학적으로 문항 수와 신뢰도가 끝까지 비례하는 것은 아니기 때문이다.

2. 문항 변별도

하나의 시험이 우수한 학습자와 그렇지 않은 학습자를 구분해 주는 정도가 문항 변별도이다. 지나치게 어렵거나 쉬운 문항으로 이루어진 시험은 수험자의 능력을 구분해 주지 못하여 신뢰도를 떨어뜨리므로 바람직하지 않다. 문항의 난이도를 적절하게 정하여 수험자의 능력이 한쪽으로 쏠리는 현상을 사전에 방지할 수 있어야 시험 점수를 해석하는 일에 신뢰도를 가질 수 있다.

3. 평가 방법

수험자가 주어진 문항이나 과제에 반응하는 방식, 수험자의 언어적·비언어적 반응을 채점하는 방법 등은 점수에 적지 않은 영향을 미친다. 시험 점수를 산출해 내어야만 하는 언어 평가에서 수험자가 자신에게 필요하다고 수용할 수 있고 익숙하고 실제성이 있는 문항 혹은 과제가 주어지며, 이를 적극적으로 해결할 수 있도록 평가되어야 믿음을 가지고 시험 점수를 해석할 수 있을 것이다.

확인하기

1 타당도란 무엇인지 말하고 어떤 시험이 타당도가 있는 시험인지 예를 들어 설명하시오.

2 신뢰도란 무엇인지 말하고 어떤 시험이 신뢰도가 있는 시험인지 예를 들어 설명하시오.

3 한국어 시험을 개발할 때 타당도를 높이기 위한 방안에 대해 말하시오.

4 한국어 시험을 개발할 때 신뢰도를 높이기 위한 방안에 대해 말하시오.

토론

1 한국어 숙달도를 평가하기 위한 고부담 말하기 시험을 만들어야 한다. 어떻게 하면 채점자 간 신뢰도를 높일 수 있겠는가? 말하기 시험의 채점자 간 신뢰도를 높이기 위한 방안을 토론해 보자.

2 동남아 지역 노동자의 취업 비자 발급을 위한 한국어 시험을 만들어야 하는 상황이라고 하자. 만약 타당성과 실용성 두 가지 모두 추구하기 어렵다면 무엇을 더 우선해야 한다고 생각하는가? 이에 관하여 토론해 보자.

과제

1 초급 교실 수업에서 한국어 학습자들의 높임법에 관한 능력을 평가하고자 한다. 타당도와 신뢰도가 높은 시험을 다섯 가지 문제 유형으로 만들어 보자.

2 학부 유학생을 선발하기 위한 고부담 시험을 만들고자 한다. 타당도와 신뢰도가 높은 '쓰기' 영역의 시험을 계획해 보자.

📖 더 보면 좋을 책과 자료

- Bachman & Palmer(1996), 『Language testing in practice』, Oxford University press.
- 신동일(2003), 『한국의 영어평가학-시험개발편』, 한국문화사.
- 지현숙(2005), 「인터뷰 시험 담화 분석을 통한 한국어 구어 능력 평가의 구인 연구」, 국어교육연구 16집, pp.79~104, 서울대학교 국어교육연구소.
- H.D.Brown(2006), 『원리에 의한 교수』, 권오량 외 역, pp.470~521, Longman.
- 성태제(2009), 『현대교육평가』, 학지사.
- 지현숙(2012), 「비판이론적 관점에서 본 고비중 한국어 시험의 타당화 방안」, 한국어교육연구 제7호, pp.81~104, 배재대학교 한국어교육연구소.

제 6 장

언어 시험을 개발하기 위한 절차는?

이 단원을 공부하면…

◉ 평가 도구를 개발할 때 필요한 기본적인 개념들을 숙지한다.

◉ 평가 문항에는 어떠한 유형이 있는지 알고 목표에 맞는 평가 문항을 선택할 수 있다.

◉ 평가 문항을 개발할 때의 유의점에 대해 안다.

이야기 나누어 보기

◉ 평가를 설계할 때 어떠한 사항들을 고려해야 할 것인가에 대해 이야기해 보자.

◉ 동아리 회원 선발, 개인 교습에서의 쪽지 시험 등 어떤 시험이든 상관없다. 시험을 만들어 본 적이 있는가? 시험을 만들 때 어떤 어려운 점이 있었는가? 시험을 만든 적이 없다면 어떤 어려움이 예상되는가?

본 강의

1 평가 도구의 개발에 필요한 개념

2 평가 도구의 개발 절차

3 평가 문항의 유형

4 평가 문항 개발 시 유의점

6장에서는 외국어 교육에서 평가 도구를 개발하고자 할 때 사전에 알아야 할 기초 개념들을 다룬다. 이를 기초로 하여 평가 도구의 개발 절차를 세부적으로 살펴볼 것이다. 평가 문항을 개발할 때 핵심이 되는 영역별 평가 문항 유형을 말하기, 듣기, 읽기, 쓰기, 어휘와 문법별로 다룰 것이다. 덧붙여 문항 개발을 할 때의 유의 사항에 대해서도 살펴볼 것이다.

① 평가 도구의 개발에 필요한 개념

1. 구인(construct)

구인이란 언어 능력을 이루는 구성 요인을 줄인 말이다. 외국어 평가에서 구인은 언어 능력을 이루는 구성 요소를 무엇으로 보는가의 관점이 합의되어야 하고 결정된 구인에 따라 평가할 대상과 내용이 명확해지기 때문에 근본적이며 중요하다. 구인은 평가의 대상인 언어 능력이 무엇으로 이루어져 있는가를 결정해서 구체적인 기준으로 나타낸 것이므로 "시험 점수를 통해서 추론할 수 있는 수험자의 언어 능력에 대한 이론적 근거가 된다."(지현숙 2014:1010) 한국어 말하기 평가에서 구인은 발음, 유창성, 내용 조직, 범위, 높임법 등이 될 수 있고 쓰기 평가에서 구인은 내용 지식, 조직성, 문법 정확성, 맞춤법 등이 될 수 있다.

2. 기준

기준은 '평가 기준' 혹은 '규준(criterion)'으로 번역되어 쓰이기도 한다. 언어 평가에서 기준이란 "1. 평가 설계와 관련된 행동의 영역 2. 평가 채점에서 평가되는 수행의 측면, 즉 유창성, 정확성 등"(McNamara 2000:181)을 뜻한다.

3. 과제(task)

수험자가 시험에서 접하여 해결해야 하는 문항 혹은 문제 각각을 말한다. 과제는 수험자가 시험을 통해 실제로 수행해 내어야 하는 구체적인 일이나 활동으로써 특히, 말하기나 쓰기 시험에서 문항 대신에 곧잘 사용되는 용어이다. 어떤 시험이 수험자의 언어 사용 능력을 직접적으로 평가하고자 한다면 과제의 종류나 난이도, 실제 생활과의 관련성, 시험 수행 방식 등을 타당하게 정하여 시행하는 것이 중요하다. 수험자의 다양한 언어 산출을 얻을 수 있고 시험 과제와 적극적으로 상호작용할 수 있어야 제대로 된 '과제 기반 평가(task-based testing)'가 된다.

4. 국지 독립성

하나의 문항에 포함된 여러 문항이 얼마나 서로 독립적인가의 특성을 말한다. 좋은 시험은 국지 독립성이 높아야 하는데 만약 한 개의 읽기 지문에 따른 여러 개의 문항이 정답을 고르는데 서로 도움을 준다면 국지 독립성이 낮다고 할 수 있다. 국지 독립성이 낮은 문항을 '국지 종속성'이 높다고도 하는데 특히 듣기나 읽기 영역과 같은 이해 영역을 출제할 때 문제와 보기가 서로 연관되지 않도록 주의를 기울여야 한다. 최근에는 국지 독립성을 확보하기 위해 '1지문 1문항'으로 시험을 개발하는 경우가 대부분이다.

5. 시험 세부계획서(test specification)

'시험 명세서'라 부르기도 하는 '시험 세부계획서'는 "어떤 시험이 측정하고자 하는 바와 측정하는 방법을 나타내는 문서이다.(이영식 2014:1011)" 이는 특정한 시험을 개발한 근거가 되는 시험의 형식과 문항수, 배점, 시험 입력물과 예시 문항 등에 관한 설명과 안내를 담고 있으므로 수험자와 평가 사용자에게 시험에 대한 구체적인 정보를 제공하는 역할을 한다. 아울러 시험을 개발하거나 문항 출제에 참여하게 될 사람들에게도 중요한 지침이 되므로 시험 설계 단계에서 시험 세부계획서를 과학적이고 체계적으로 작성하는 것이 중요하다.

6. 시험 입력물

흔히 '프롬프트(prompt)'라 불리는 것으로 시험을 위해 사용되는 모든 종류의 입력물을 말한다. 프롬프트는 '말하기나 쓰기 평가에서 수험자가 말하거나 쓰기로 반응하도록 제시되는 자극(McNamara 2000:180)'으로 정의되어 있다. 시험 입력물은 크게 '시각 입력물'과 '청각 입력물'로 나눌 수 있다. 그림, 그래프나 표, 지도, 사진 등이 시각 입력물이고 교사의 실제 음성, 음성 파일, CD 소리 등이 청각 입력물이다.

7. 실제성

'진정성(authenticity)'으로도 불리는데 평가 도구에 반영되어야 할 현실

세계의 특성을 가리킨다. 언어 평가에서 실제성이란 "평가물과 평가 조건이 목표 언어 상황의 자료와 조건을 성공적으로 복사한 정도"(McNamara 2000:175)를 뜻한다.

8. 오답 매력도

선다형 문항에서 수험자가 정답이 아닌 보기들을 마치 정답처럼 인식하는 정도를 말한다. 출제자는 일차적으로 시비의 대상이 되지 않는 정답을 확정하는 것이 중요하며 이에 더하여 오답 매력도가 높은 문항을 만들어야 문항의 신뢰도를 높일 수 있다. 너무 뻔히 오답으로 보이는 보기를 배제하거나 보기의 글자 수나 품사를 통일하는 방법 등을 통해 오답 매력도를 높일 수 있다.

9. 척도(scale)

척도란 평가 도구가 가지고 있는 논리의 수준을 의미한다. 척도는 두 가지 의미로 나눌 수가 있는데, '측정 도구' 혹은 '측정의 수준'이 그것이다. 먼저, '측정 도구'는 특별한 목적에 따라 만들어지므로 이때 척도는 평가 도구 자체를 가리킨다. 한편으로 '측정의 수준'은 측정을 위한 논리가 허용하는 수리적 연산의 정도를 의미하며 명명척도, 서열척도, 등간척도, 비율척도 등으로 구분한다.

② 평가 도구의 개발 절차

평가 도구, 즉 시험을 개발하는 절차는 어떤 시험인가에 따라 다르다. 저부담 시험을 만드는 것은 고부담 시험에 비해 그 절차가 복잡하지가 않아서 비교적 단시간 내에 간단하게 개발할 수 있다. 그러나 중요한 결정을 내려야 하는 고부담 시험은 타당성, 신뢰성, 실용성 등의 평가 요건과 사회적 영향력까지도 고려하여 결함이 최소화될 수 있도록 주의를 기울여야 한다.

시험을 개발하기 위해서는 대체로 다음의 네 단계를 밟는다고 말할 수 있다. 평가 도구의 개발 절차는 '시험 설계, 시험 개발, 시험 시행, 평가 도구에 대한 평가'라는 과정이 순환적으로 이루어진다.

첫 단계인 시험 설계에서는 시험의 전반적인 내용들을 계획한다. 왜 해당 시험이 필요한가, 이 시험은 어떤 목적으로 사용될 것인가 등에 관한 원론적인 분석과 수험자의 규모, 평가 장소와 시험 시간, 면접관 혹은 채점자의 확보 유무, 결과 보고 방법 등에 관한 기초적인 조사가 이루어지고 이에 관한 요구 분석지와 증거물들을 확보하여 시험 개발의 기본적이고도 세부적인 계획을 수립하는 일이 이루어진다.

그 다음 단계에서는 시험 문항을 제작한다. 시험 개발 단계에서 해야 할 일은 '시험 세부계획서'를 명확히 작성한 다음 이를 근간으로 하여 시험 입력물을 개발하고 문항 혹은 과제를 집필하는 것이다. 여기에서 강조할 것은, 첫 단계에서 수립한 계획이 온전하게 반영되었는가를 누차 검토하여 문제가 없다는 것을 확인한 후 문항을 작성해야 한다는 점이다. 시간에 쫓겨, 관행대로 문항 개발부터 해 버린 후 차후에 타당성이 낮거나 실용성이 없는 문제점이 발견된다면 수정 보완이 어렵고 불가능하기 때문이다. 문항을 작성할 때에는 다양한 주제와 장르를 고려하고 평등한 문항(비차별적 문항)을 추구해야 하며, 적정 수준의 난이도를 유지하며 쉬운 문항에서 어려운 문항 순으로 배치하는 등의 원칙을 지켜야 한다.

시험 개발이 끝나면 수험자들을 대상으로 시험을 실시한다. 그런데 본격적인 시험 시행이 이루어지기 전에 샘플 수험자를 정해서 '예비 검사(실험 검사, 사전 검사(pilot-test)'를 실시하여 난이도와 타당도, 문항 응답의 수준 등을 검토하는 것이 일반적이다. 이를 통해 개발된 평가 도구가 어떤 문제점을 안고 있는지 조사하여 보완하고 수정한 후 완성된 시험을 만든다. 이를 가지고 실제 수험자를 대상으로 시험을 실시한다.

최종 단계에서는 수험자와 교사, 인사담당자 등의 이해 관련자를 대상으로 반응 조사를 실시한다. 해당 시험에 대한 의견을 수렴하고 통계학, 심리 측정학 등의 이론을 적용하여 해당 평가 도구의 타당성과 신뢰성 등을 평가해서 다음의 시험 설계에 반영하는 일이 이루어진다. 이와 같은 평가 도구의 개발 절차를 그림으로 나타내면 다음과 같다.

[그림2] 평가 도구의 개발 절차

③ 평가 문항의 유형

평가 문항은 다양하게 분류할 수 있다. 말하기, 듣기, 읽기, 쓰기의 네 가지 언어 기능 외에 어휘, 문법의 영역에서도 다양한 문항 유형이 존재한다. 구체적이고 세부적인 평가 문항은 제2부 실전편에서 다룰 것이므로 여기에서는 일반적이고 대표적인 문항 유형들을 간략하게 제시하기로 한다.

1. 말하기

학습자의 말하기 능력을 평가하기 위한 문항 유형은 개방형으로 이루어진다. 소리 내어 읽기, 인터뷰, 묘사하기, 이야기 만들기, 정보 결함 활동, 역할극, 시청각 자료의 내용 말하기 등이 말하기 문항의 유형들이다. 또한 토론하기나 발표하기 등을 통해서도 말하기 능력의 평가가 가능하다.

2. 듣기

학습자의 듣기 능력을 평가하기 위한 문항 유형은 선다형이나 진위형이 대부분이다. 들은 내용에 부합하는 그림이나 문장 고르기, 듣고 적절한 반응 찾기, 듣고 빈칸에 들어갈 단어나 표현 쓰기, 듣고 특정 정보 찾기, 듣고 중심 내용 찾기, 듣고 대화에 알맞은 장소나 관계 파악하기, 들은 내용에 알맞은 제목 고르기, 듣고 여러 장의 그림을 순서대로 나열하기, 들은 내용의 진위 여부 파악하기, 화자의 발화 목적이나 태도 파악하기 등이 있다. 그밖에 들은 내용 요약하기, 듣고 자신의 생각 말하기와 듣고 도표 완성하기 등의 개방형 문항을 통해서 듣기 능력을 평가할 수도 있다.

3. 읽기

학습자의 읽기 능력을 평가하기 위한 문항은 시각자료(그림, 사진, 도표 등)의 의미 파악하기, 빈칸에 들어갈 표현이나 문장 고르기, 읽고 중심 소재 고르기, 읽고 세부적인 정보 파악하기, 읽고 내용의 진위 여부 판단하기, 중심 내용(주제문) 고르기, 전후 관계 파악하기, 글쓴이의 심경 파악하기, 글의 목적이나 기능 파악하기, 글의 제목이나 목차 보고 내용 추측하기 등의 선다형 문항이 있다. 또한, 단답형 읽기 문항으로는 읽고 글의 제목 붙이기, 알맞은 순서대로 글 나열하기 등이 있다.

4. 쓰기

학습자의 쓰기 능력을 평가하기 위한 문항 유형은 말하기와 마찬가지로 개방형이 대부분이다. 시각자료(그림, 사진, 도표 등) 보고 쓰기, 양식의 빈칸 채우기, 앞의 글에 이어 나머지 완성하기, 다른 양식으로 바꿔 쓰기, 주어진 상황 조건에 맞는 글쓰기, 읽거나 듣고 요약하기, 찬반 견해 쓰기, 자유 작문 등이 있다. 그밖에 교실 평가에서는 문장 단위의 받아쓰기, 두 문장을 한 문장으로 연결하기 등을 통해서 학습자의 쓰기 능력을 평가할 수도 있다.

5. 문법

학습자의 문법 능력을 평가하기 위한 문항 유형은 어법에 맞는 조사나 어미 고르기, 시제 □ 높임법 □ 관형형 어미 등 문법적 오류가 있는 곳 찾기, 유사한 표현이나 문장 찾기 등의 선다형 문항이 있다. 의미가 같은 다른 표현의 문장으로 변형하기, 적절한 연결어미를 써서 하나의 문장으로 바꾸기, 어순에 맞게 문장 완성하기, 문형이나 높임상대를 바꾸어 글 변형하기 등의 개방형 문항을 통해서 문법 능력을 평가할 수 있다.

6. 어휘

학습자의 어휘력을 평가하기 위한 문항 유형은 대체로 선다형이나 단답형을 통해 이루어진다. 어휘력 평가를 위한 문항 유형은 듣고 소리에 맞는 단어 그림 고르기, 그림(사진) 보고 해당되는 단어 고르기(쓰기), 맥락에 알맞은 단어 선택하기, 유의어 고르기, 반의어 고르기, 다의어 고르기, 어휘 간 관계 추론하기, 높임어휘 □ 수사 □ 대명사 등 잘못 사용된 어휘 고르기 등이 있다.

④ 평가 문항 개발 시 유의점

평가 문항을 개발할 때의 유의할 점은 한두 가지가 아니다. 여기에서는 말하기와 쓰기의 표현 영역 평가 문항을 만들 때와 듣기와 읽기의 이해 영역 문항을 만들 때로 구분하여 대표적인 유의 사항들을 제시한다.

1. 표현 영역 개발 시 유의점

말하기와 쓰기의 표현 영역에서 문항을 개발할 때에는 다음과 같은 사항들에 유의해야 한다. 크게 다섯 가지를 제시한다.

첫째, 말하기나 쓰기 평가 문항의 지시문을 간단명료하게 함으로써 수험자가 지시문의 이해에 큰 어려움 없도록 한다.

둘째, 그림, 사진, 만화, 도표 등의 시험 입력물이 분명한 의미를 나타낼 수 있도록 제작하여 수험자의 말하기 혹은 쓰기 출력을 최대한으로 이끌어 낼 수 있도록 한다.

셋째, 준비할 시간, 말해야 하는(쓰기를 마쳐야 하는) 시간 제한, 배점과 평가 기준 등을 명시한다.

넷째, 평가 기준(구인)에 포함되지 않는 요소를 평가하지 않도록 주의를 기울인다.

다섯째, 수험자가 말하거나 쓸 때 성, 종교, 문화, 경제나 정치 등의 부면에서 차별하지 않도록 주의한다.

2. 이해 영역 개발 시 유의점

듣기와 읽기 영역에서 문항을 개발할 때에는 다음과 같은 사항들에 유의해야 한다. 표현 영역과 마찬가지로 이해 영역도 크게 다섯 가지를 제시한다.

첫째, 다양한 장르의 듣기 지문, 읽기 지문을 골고루 안배하여 제시하고 지문 속에 사회문화적 편견이나 종교, 성, 정치적 차별 등이 포함되지 않도록 주의한다.

둘째, 실제성이 최대한으로 반영된 투입 자료를 선정 □ 가공하여 듣기 능력이나 읽기 능력을 평가한다. 특히 듣기 평가의 투입 자료는 음성 언어의 속도, 배경음, 대화상대자 수, 배경음이나 소음 등을 면밀하게 고려한다.

셋째, 수험자의 언어 능력을 정확하게 평가하기 위해 듣기나 읽기 지문과 가장 부합되는 문항 유형이 결합될 수 있도록 한다. 예컨대 너무 많은 지명이나 인명, 숫자들이 포함된 지문을 들려 주고 요약하기를 하도록 한 문항 유형은 자칫 암기력 평가가 될 수도 있어 바람직하지 않다.

넷째, 하나의 문항 속에 두 가지 평가요소를 동시에 포함시켜 평가하는 문항은 가급적 배제한다. 이를테면 '잘 듣고 대화가 이루어진 장소와 대화자의 관계를 고르시오.'는 한 문항에 평가할 요소가 중복되어 있어 그다지 바람직하지 않다.

다섯째, 먼저 읽기 지문이나 듣기 지문을 완벽하게 확정한 후 듣기 문항 혹은 읽기 문항을 만들어야 한다. 대략적으로 지문을 만들고 문항을 개발했는데 지문을 다시 고쳐야 한다면 문항마저 또 다시 고쳐야 하는 시간 낭비가 일어나게 되기 때문이다.

1 평가 도구를 개발할 때 세부계획서는 어떤 중요성을 가지는가?

2 평가 도구의 개발 절차를 순서대로 말한다면?

3 말하기, 듣기, 읽기, 쓰기, 문법과 어휘 평가의 문항 유형들은 어떻게 분류가 가능할까?

4 평가 문항을 만들 때 표현 영역과 이해 영역으로 나누어 유의점들을 말한다면?

토론

1 국지 독립성을 위해 읽기 지문이나 듣기 지문을 여러 개 개발해야 하는 상황이라면 예상되는 난점들은 무엇인가?

2 한국어를 600시간 정도 공부한 학문 목적 학습자의 한국어 능력을 평가하고자 한다. 어떤 절차가 필요할 것인지 이야기해 보자.

과제

1 평가 도구의 개발에 필요한 개념에서 언급한 명명척도, 서열척도, 등간척도, 비율척도의 의미를 자세하게 찾아보고 각각의 예를 만들어 보자.

2 학부 과정에서 한국학을 전공하고자 하는 외국인 유학생을 선발한다고 하자. 어떠한 절차로 어떤 방법을 사용하여 선발할 것인지 평가 세부계획서를 작성해 보자.

📖 **더 보면 좋을 책과 자료**

- Bachman & Palmer(1996), 『Language testing in practice』, Oxford University press.
- 이완기(2003), 『영어평가방법론』, pp.35~38, 문진미디어.
- 신동일(2003), 『한국의 영어평가학-시험개발편』, 한국문화사.
- 신동일(2006), 「말하기 시험의 이야기구성과업 연구」, pp.23~48, 응용언어학 23-1.
- 지현숙(2006), 『한국어 구어 문법 능력의 과제 기반 평가 연구』, 서울대학교 박사학위논문.
- 지현숙(2007), 「한국어 구어 문법 교육을 위한 과제 기반 교수법」, 국어교육연구 20, pp.247~270, 서울대학교 국어교육연구소.
- 신동일·김나희(2010), 「시험작성세부계획서를 기반으로 한 과업개발과정 연구」, Foreign Language Education 17-2, pp.257~279.

2 부

응용편

제 7 장

말하기 평가

이 단원을 공부하면…

◉ 말하기 능력이란 무엇인지 말할 수 있다.
◉ 말하기 능력을 이루는 요소에 대해 말할 수 있다.
◉ 한국어 말하기 능력을 평가하기 위한 문항을 만들 수 있다.

이야기 나누어 보기

◉ 말하기를 잘한다는 것은 어떤 의미일까? 대중매체에 등장하는 말을 잘하는 사람을 떠올리며 말하기를 잘하는 사람의 특징에 대해 이야기해 보자.
◉ 초급과 중급, 중급과 고급 수준의 한국어 말하기 능력은 어떤 점에서 차이가 있을지 서로 말해 보자.
◉ 한국어를 배우는 외국인의 말하기 능력은 어떤 방법으로 평가할 수 있을까? 말하기 평가 방법에 대하여 이야기해 보자.

본 강의

1 말하기 능력
2 말하기 평가의 구인
3 등급별 한국어 말하기 능력
4 말하기 평가 과제를 만들 때의 유의점
5 말하기 평가를 위한 과제 유형

제2부 응용편은 평가론에 관한 이론적 이해를 바탕으로 영역별 한국어 평가에 적용하기 위한 실무적 지식을 기르기 위해 마련되었다. 7장에서는 먼저 말하기 평가의 기본이 되는 말하기 능력의 개념과 말하기 능력의 구성 요소에 관하여 살핀다. 그 다음 1급에서 6급까지 한국어 학습자의 등급별 말하기 능력 기술을 통해 수준별 말하기 능력의 차이를 파악한 후 말하기 평가 문항을 제작할 때 어떤 점들을 유의해야 하는지에 대해 공부한다. 이와 같은 이해를 바탕으로 다양한 말하기 문항 유형을 살펴본 후 구체적인 한국어 말하기 문항을 접하고 문항 개발을 연습함으로써 한국어 말하기 평가를 담당할 수 있는 실제적인 지식을 넓힌다.

① 말하기 능력

말하기는 음성 언어를 매개로 자신의 생각이나 느낌, 정보 등을 표현하는 언어 기능의 하나이다. 의사소통 상황에서 말하기는 화자 자신이 의도한 바를 표현하는 것뿐만 아니라 청자와의 상호작용을 포함한다. 따라서 말하기 능력이란 청자와의 상호작용 속에서 자신이 의도한 바를 명확하게 표현할 수 있고, 청자의 의도를 파악하여 적절하게 반응할 수 있는 능력이라고 할 수 있다.

말하기 능력은 여러 가지의 하위 능력으로 구성된다. 소리를 올바르게 이해하고 조음하는 것이 의사소통의 기본적인 성공 조건이 되므로 분절음의 발음 지식과 초분절적이거나 비분절적 표현 등의 요소와 관련되는 준언어적 지식과 수행능력이 갖추어져야 한다. 나아가 개별 발화들이 관련 의미를 만들어 낼 수 있도록 논리적인 언어 형식을 가져야 하며 지시어나 접속사 등을 적절하게 사용하여 이어져야 한다. 또한 구두 의사소통에 대한 적극성, 흥미, 참여 의욕, 호의적 태도 등도 말하기 능력 안에 포함시킬 수 있을 것이다.

② 말하기 평가의 구인

한국어 학습자의 말하기 능력을 평가하기 위해서는 일차적으로 말하기 능력의 구성 요인(구인)이 무엇인가를 결정하여 이를 평가 기준으로 삼아야 한다. 말하기 평가를 위한 구인은 매우 다양한데 평가 설계자나 문항 개발자들은 그들의 언어관(언어 철학)에 따라 다양한 구인 가운데 취사선택하여 평가 기준으로 채택해야 한다. 본서는 말하기 평가를 위한 구인을 망라하여 제시한다.

1. 발음

발음은 '소리의 명함'이라고 부를 만큼 겉으로 드러나는 중요한 요소이다. 발음은 자음과 모음이 결합된 분절음을 얼마나 정확하게 소리 내는가가 기본이 된다. 더불어 강세, 억양, 속도 등의 초분절적 요소의 실현이 얼마나 적절한가에 관한 능력을 가리킨다. 개별 단어의 발음을 포함하여 전체 발화 내에서 억양이나 강세가 정확해야 의미를 효과적으로 전달할 수 있으므로 발음은 말하기 능력의 일차적인 요소이다. 또 의미에 맞게 잘 끊어 읽고 적절한 어조로 말하는 능력도 발음에 포함된다. 발음이 나쁘면 듣는 사람은 무슨 말을 하는지 알아들을 수 없거나 의미를 잘못 이해하여 오해를 불러일으키게 되므로 발음은 의미 전달에 관여하는 중요한 요소라 할 만하다.

2. 어휘력

어휘력은 얼마나 많은 어휘를 알고 있고 일상생활에서 널리 쓰이는 어휘를 얼마나 잘 사용하고 특정 맥락에서 요구되는 어휘를 얼마나 적절하게 쓸 수 있는가 등에 관한 능력을 말한다. 또한 말하는 사람이 의미를 전달하기 위해 사용하는 단어, 관용 표현, 속담 등이 얼마나 폭넓고 다양한가에 관한 능력도 포함된다. 말을 할 때 똑같은 단어를 반복해서 쓰지 않고 상황과 맥락에 맞는 어휘를 다양하게 선택해서 쓴다면 어휘력이 높다고 평가할 수 있을 것이다. 만약 어떤 수험자가 기초적인 의사소통을 수행하기 위한 기본 어휘 외에 관용 표현, 파생어를 잘 부려 쓰고 존대어, 외래어, 유행어 등 문화 관련 어휘도 폭넓게 사용할 수 있다면 말하기 평가에서 좋은 점수를 얻게 될 것이다.

3. 유창성

대화 상대자가 한 말에 대해 빠르게 반응하고 망설임이 없고 더듬거리지 않을 때 유창성이 있다고 한다. 유창성은 막힘없이 술술 자신이 하고 싶은 말을 해 나가는 특성을 가리키는 것으로 유창하게 말하면 대화 상대자에게 답답함을 주지 않고 의사소통이 원활하다는 느낌을 준다. 일부 연구자는 유창성 안에 문법적으로 틀리지 않고 말하는 정확성까지 포함시키기도 하나 본서에서는 말하기의 구인으로 정확성을 별도로 두므로 이와 구분하기 위해 정확성과 대조되는 개념으로 유창성을 정의한다.

4. 정확성

말을 할 때 문법 요소의 사용이 얼마나 틀림이 없는가를 가리킨다. Brumfit(1984)와 같은 학자는 '언어 형태(form)'에 대한 의식적인 관심이 어느 정도인가에 따라 정확성을 평가할 수 있다고 보았다. 일반적으로는 문법 요소의 사용에 오류를 보이지 않으면 정확성이 높고 많은 오류를 보이면 정확성이 낮다고 평가한다. 즉, 말할 때 사용하는 문법 요소가 규범에서 벗어나지 않고 오류를 보이지 않는다면 정확성이 높다. ACTFL OPI는 정확성을 문법, 발음, 어휘 사용의 요소로 평가하는데, 본서는 한국어 말하기의 정확성은 높임법, 시간 표현, 종결 서법, 피동과 사동 표현, 부정 표현 등을 대상으로 하여 평가할 수 있다고 본다.

5. 내용 조직

일관되고 짜임새 있게 말하는 내용을 구성해 가는가에 관한 능력을 가리킨다. 즉, "의미 관계를 명시적으로 나타내는 언어 표현 방식을 통해서 상황에 맞게 내용을 구성하여 말하는 응집성에 관한 능력을 일컫는다."(지현숙 2006:128) 말을 잘하는 사람은 어떤 사건이나 행위에 대해 유기적인 연관성을 유지해 가면서 이야기를 끌어가는 능력이 있으며 개별 발화의 연결이 일관성이 있도록 말한다. 즉, 적절한 접속어, 지시어, 대용표현 등을 잘 사용해서 일종의 의미 선을 논리적으로 잘 이어가는 말하기가 내용 조직이 좋은 말하기이다.

6. 상호작용 태도

대화 상대자와 의사소통하는 것에 대해 의욕이 있고 필요하거나 주어진 일을 해결하려는 자세를 가지고 있는가의 특성을 가리킨다. 자신의 생각이나 감정을 대화 상대자와 함께 나누려는 적극성을 보이고 대화 상대자의 상태나 이해도에 맞춰 말한다면 상호작용 태도가 좋다고 평가한다. 자신감이 있고 대화 상대자에게 호감을 주며 부드럽게 대화를 이어나간다면 상호작용 태도를 갖추었다고 평가할 수 있다.

7. 담화 운용

구두 의사소통에서 자신의 말 순서를 잘 관리하며 인접쌍에 관한 규칙을 잘 적응시켜 사용하는 것을 가리킨다. 즉, 큰 어려움 없이 대화를 이어나갈 수 있고 말을 시작하고 마무리하는 것이 가능한가의 능력을 가리킨다. 대화 상대자가 말하는 도중이라도 필요하면 끼어들어 말 순서를 가져올 수 있고 경우에 따라서는 화제를 바꾸는 일도 가능하다면 담화 운용을 잘하는 것으로 평가한다. 반복하거나 다른 말로 바꾸어 말해 달라고 요구할 수 있고, 질문하거나 대답할 수 있고, 제안하고 수락하거나 거절할 수 있고, 명령할 수 있는 능력 등이 담화 운용에 해당한다.

8. 전략

보다 효율적인 의사소통을 위해서 혹은 말할 때 필요한 언어가 생각이 안 나거나 더 효과적으로 의사소통하기 위해 다양한 방법을 동원하는 능력을 가리킨다. 전략은 의사소통의 막힘이나 부족함을 해소하기 위해 얼마나 언어적/비언어적 수단을 잘 이용하는가의 기술적 측면을 함의한다. 이를테면 바꿔 말하기, 재구조화, 대치, 몸짓언어 등을 통해 전략은 발휘된다. 즉, 모르는 단어나 표현을 말하기 위해 임기응변으로 새로운 언어를 만들어 말하거나 제스처, 손짓, 표정 등을 써서 의사소통을 보조하는 것 등으로 나타난다. 대화 상대자의 말이 이해가 안 될 경우에 유추되는 의미를 말함으로써 원활한 의사소통이 되도록 하는 것도 전략에 포함되며, 의사소통이 전혀 안 될 경우에 서로 공유되는 다른 언어(외국어)를 사용해서 의사소통을 성공시키는 코드 전환도 전략의 일부이다.

9. 적절성

말을 할 때의 상황, 목적, 청자와의 관계 등을 고려하여 이에 알맞은 언어 표현을 사용하는가의 능력을 가리킨다. 적절성에 관한 능력을 갖추었다는 것은 일상 대화, 스토리텔링, 토론, 논쟁, 발표, 연설 등의 말하기 장르에 어울리는 말투 혹은 격식체를 잘 사용할 수 있다는 뜻이다. 또한 대화 상대자에 따라서 적절한 표현과 어투 등을 잘 가려 쓸 수 있는 것도 적절성과 관련되는 말하기 능력이다.

10. 전반적 인상

한국어 말하기의 전반적인 능력이 어떠한가를 가리킨다. 하고자 하는 말이 무엇인지 파악이 되는 수준, 주어진 말하기 과제에 대처하는 능숙성, 자연스럽게 말하는 정도, 발음, 전략의 사용 유무 등이 모두 합쳐져서 전반적 인상을 이룬다.

③ 등급별 한국어 말하기 능력

한국어 학습자를 대상으로 한 말하기 평가는 일차적으로 등급별 말하기 능력이 기술되어야 가능하다. 본서는 한국어 말하기 능력 전체를 6등급으로 나누고 그 세부적인 능력을 다음과 같이 기술하였다.

1급

- 대부분의 소리를 명료하게 발음할 수 있다.
- 잘못된 발음이나 억양 때문에 알아듣기 힘든 경우도 있으나 의사소통의 의사를 보인다.
- 잘 아는 사람과 대화할 때 간단한 문장과 익숙한 일상 표현을 사용해서 말할 수 있다.
- 자신과 다른 사람들을 소개할 수 있고 개인적인 내용에 대해 묻고 답할 수 있다.
- '인사하기, 물건 사기, 음식 주문하기, 교통수단 이용하기' 등 생존에 필요한 기능을 구어로 수행할 수 있다.

2급

- 약간의 망설임은 있지만 덩어리로 된 구나 절, 암기한 표현을 사용해서 능동적으로 말한다.
- 대화상대자에 따라 말하는 방법이 달라진다는 것을 알고 이를 고려해서 말한다.
- 자신과 관련성이 높은 분야에서 자주 사용되는 표현을 말할 수 있다.
- 익숙하고 일상적으로 반복되는 일에 대해서 단순하고 직접적인 정보 교환의 말하기가 가능하다.
- 자신의 배경, 주변 환경, 즉각적인 해결이 필요한 문제 등에 대해 짧게 묘사하

며 말할 수 있다.

- '전화하기, 부탁하기, 계획 말하기, 이유 표현하기, 요청하기, 허락 구하기' 등의 일상생활에 필요한 기능과 '은행, 병원, 약국' 등의 공공시설 이용에 필요한 말하기를 수행할 수 있다.
- '가족, 취미, 날씨, 장소' 등 일상생활에서 자주 접하는 친숙한 소재와 관련된 짧은 이야기를 할 수 있다.

3급

- 기본적이고 간단한 생활 표현을 큰 오류 없이 자신감 있고 자연스럽게 말할 수 있다.
- 주제를 표현하고 말할 내용을 전달하기 위해 '왜냐하면, 만약, 그렇기 때문에' 등의 접속어들을 동원한다.
- 약간의 어려움이 있으나 상대방의 말에 대해 즉각적으로 대응하며 말을 이어 나간다.
- 직장, 학교, 여가생활 등에서 규칙적으로 경험하는 문제들에 대해 명확하게 말할 수 있다.
- 경험과 사건 등을 묘사해서 말할 수 있고, 의견과 계획을 표현할 수 있다.
- 다양한 공공시설을 이용하고 사회적인 관계를 유지하는 데 필요한 언어 기능을 수행할 수 있다.
- 건강, 이상기온, 여행 등 친숙한 사회적 소재와 관련된 이야기를 제법 길게 말할 수 있다.

4급

- 반복이나 망설임, 단어 사이의 휴지 등이 거의 나타나지 않을 정도로 유창하게 말한다.
- 상대방이 말한 의미를 묻거나 확인하기, 반복하기, 고쳐 말하기를 통해 분명하게 말할 수 있다.
- 업무를 하면서 일반적으로 요구되는 말하기를 어느 정도 수행할 수 있다.
- 전쟁, 테러, 지진과 같은 자연재해 등 사회적이고 추상적인 소재와 관련된 말하기를 비교적 유창하게 할 수 있다.
- 빈번하게 사용되는 관용어나 속담을 활용하여 말할 수 있다.
- 전문적 수준의 내용도 절반 이상은 이해할 수 있어서 '질문하고 대답하기, 토론하기, 발표하기' 등 학문적 과업을 수행하는 것이 어느 정도 가능하다.
- 흡족한 수준은 아니지만 토론과 논의에서 자신의 생각을 표현하는 것이 가능하다.

5급

- 자신의 경험이나 견해를 친구나 소집단에게 큰 어려움 없이 제법 길게 말할 수 있다.
- 효과적인 의미 전달이나 의미 강화를 위해 리듬, 강약을 활용해서 말할 수 있다.
- 정치, 사회, 문화 분야의 낯선 주제에 관해서 조사하고 준비해서 발표할 수 있다.
- 능숙하지 않지만 전공 분야나 업무 수행에 필요한 말하기를 어느 정도 수행할 수 있다.
- 자신의 주장을 논리적으로 말할 수 있으며 복잡한 주제에 관해서 상세하게 말하는 것이 가능하다.
- 공식적, 비공식적 상황에 따라 필요한 언어를 적절히 구분해서 말할 수 있다.

6급

- 어떤 의사소통 상황이든 원활하게 의미를 전달할 수 있다.
- 의미 전달을 극대화하기 위해 성량, 속도, 수사적 장치 등을 사용해서 말할 수 있다.
- 토론의 진전을 위해 상대방의 생각을 명료화하거나 확대하고, 질문하거나 근거를 대는 일 등이 가능하다.
- 말할 내용을 잘 조직하기 위해 '먼저, 그 다음으로는, 결론을 짓자면' 등의 담화 장치를 활용해서 말한다.
- 정치, 경제, 사회, 문화 전반에 걸쳐 복잡한 쟁점이나 주제에 관해서 논리적 근거를 대며 말할 수 있다.
- 전문 연구 분야나 업무 수행에 필요한 말하기를 비교적 능숙하게 감당할 수 있다.
- 섬세한 의미 차이를 구분하여 분명하고 효과적으로 표현할 수 있다.

④ 말하기 평가 과제를 만들 때의 유의점

말하기 평가를 할 때 수험자가 말을 하려고 하지 않거나 한마디도 말하지 못한다면 평가를 계속하는 것은 불가능하다. 좋은 평가는 수험자가 가지고 있는 말하기 능력을 최대한 발휘할 수 있게 고안한 것이라고 본다면, 무엇보다도 수험자의 발화를 최대한 많이 이끌어 낼 수 있는 평가 과제를 만들어야 한다. 따라서 평가 과제를 제작할 때에는 수험자가 적극성을 보이도록 이끌고 수험자의 발화를 최대한 많이 끌어내기 위한 다양한 시도가 필요하다.

그 첫째는 평가 과제가 다루고 있는 내용이 수험자에게 익숙하고 흥미를 유발할 수 있어야 한다. 주제 혹은 소재, 투입자료의 내용과 상황 등이 수험자에게 익숙한 것이면서 수험자의 흥미와 관심을 끌 만한 것이라면 수험자는 보다 많이 말할 것이다.

둘째, 과제의 난이도가 적정 수준이어야 한다. 말하기 평가 과제의 난이도가 너무 높다면 수험자의 말하기 능력을 평가할 만한 충분한 자료를 얻어 낼 수 없다. 제한된 시간 안에 어느 정도는 말을 할 수 있을 만한 적절한 난이도여야 한다.

셋째, 말하기 시험에 투입하는 자료를 제공하는 방법도 고려해야 한다. 사진, 그림, 만화, 그래프나 도표 등의 시각 자료가 분명한 의미를 나타낼 수 있도록 가공하여 제공함으로써 수험자가 자신의 배경지식을 활성화시켜 말할 수 있게 해야 한다. 말하기 산출에 도움을 주기 위해 평가 과제의 지시문을 명료하게 나타내고 채점 기준을 사전에 알려 주는 것도 도움이 될 수 있다.

그밖에 평가를 시행할 때 수험자의 긴장을 풀어 주는 안정되고 편안한 환경을 조성하는 노력도 필요하다. 말하기 평가를 위해서는 덥거나 춥지 않고 소음이 없어야 하며 밝고 독립적인 공간이 마련되어야 한다. 또 평가자는 본 시험에 앞서 가벼운 도입 질문을 던져 수험자의 심리적 부담을 줄여 줌으로써 평소의 말하기 실력을 최대한 발휘할 수 있도록 유도한다.

무엇보다 말하기 평가에서 가장 주의해야 할 것은 평가의 신뢰도를 확보하는 문제이다. 수험자의 말하기 능력을 최대한 정확하게 측정하기 위해서는 실제 의사소통의 모습에 가까운 평가 과제를 선택하여 가능한 직접적인 평가 방식을 사용하는 것이 좋을 것이다. 하지만 직접적인 평가 방식에서는 채점자의 주관이 개입할 여지가 다분히 존재하는 문제가 있다. 따라서 채점자의 주관성 개입을 최소화하기 위해서는 채점 기준을 명확하게 설정하고 채점 기준이 함의하는 바를 공유해야 하며 채점자 훈련을 통해 채점자의 전문성을 확보하기 위한 노력을 지속적으로 해야 한다.

⑤ 말하기 평가를 위한 과제 유형

1. 소리 내어 읽기

발음과 억양 등의 정확성을 측정하기 위한 유형이다. 수험자는 미리 준비된 대화문을 소리 내어 읽는다. 진정한 의미에서의 의사소통 능력을 평가할 수 있는 과제 유형은 아니지만 이 유형을 통해 개별 단어의 발음을 포함하여 전체 발화 내에서 억양이나 강세가 정확한지, 의미에 맞게 잘 끊어 읽고 적절한 어조로 말하는지 등에 대한 능력을 평가할 수 있다.

예 **다음 문장을 잘 보고 읽으세요.**

1
A 오랜만이다. 방학에 고향 간다더니 잘 갔다 왔어?
B 응, 잘 갔다 왔지. 너는 방학 어떻게 지냈어?
A 그냥 그렇게 지냈어. 시간 되면 밥이나 같이 먹을까?
B 지금은 어디 좀 가야 하니까 다음 주에 보자. 내가 전화할게.
A 그래, 알았어. 꼭 연락해.
B 응, 잘 가.

2
A 여보세요? 전데요, 혹시 서울역에 도착했어요?
B 그럼요. 지금 어디에 계세요?
A 저는 아직 지하철 안이에요. 20분쯤 늦을 것 같아요.
B 기차 출발할 때 다 됐는데 20분이나 늦는다는 게 말이 돼요?
A 미안해요. 휴대폰을 놓고 나오는 바람에 다시 가지고 오느라…
B 어쩌죠? 기차표 취소할까요?

---

2. 인터뷰

평가자가 몇 가지 준비된 질문을 하면 수험자가 이를 듣고 답하는 방식의 평가 유형이다. 수험자는 주어진 상황이나 맥락에서 참여자와의 관계에 따라 적절한 언어, 격식 등을 골라 사용할 수 있어야 한다. 발음, 적절성,

담화 운용, 내용 조직, 어휘 범위, 정확성 등 다양한 구인을 평가하는 것이 가능하다. 인터뷰는 말하는 것을 관찰하면서 직접 평가할 수 있는 장점이 있지만 채점의 신뢰도를 확보하기 위한 장치가 필요하다. 평가자가 직접 수험자를 평가하는 직접 평가 방식에는 후광 효과가 개입할 여지가 있고 평가자 한 사람이 수험자 여럿을 상대하는 경우 수험자 간의 상대 평가가 되어 버릴 위험도 존재하기 때문이다. 인터뷰는 직접 평가의 하나이지만 인위적인 평가 상황이므로 일상에서와 같은 자연스러운 말하기를 기대하기 어렵고 시간이나 장소, 평가 인력 등이 광범위하게 필요하여 비용이 많이 드는 한계점이 있다.

1. **질문에 대답해 보세요.**
   - 한국어를 어떻게 공부하고 있습니까?
   - 한국어를 공부하면서 언제 가장 인내심이 필요하다고 느꼈습니까?
   - 무엇 때문에 그랬습니까?

2. **한국어를 공부하면서 힘들었던 경험에 대해 말해 보세요.**

3. 그림 혹은 사진 묘사하기

그림이나 사진을 보고 묘사하게 하는 유형으로 그림 또는 사진이 담고 있는 정보를 파악하여 이를 언어적 지식을 동원하여 표현하도록 하는 방식이다. 발음, 어휘 범위, 정확성 등을 평가할 수 있다. 투입자료인 사진이나 그림이 담고 있는 정보의 복잡성 정도에 따라 다양한 등급에서 활용하는 것이 가능하다.

사진 두 장을 30초 동안 잘 보세요. 그 다음에 두 장의 사진이 어떻게 다른지 비교해서 말해 보세요. 외모, 옷차림, 직업, 성격 등이 어떻게 차이 나는지 자세하게 말해 보세요.

4. 이야기 만들기

그림이나 만화, 단어 카드 등의 투입자료를 보고 하나의 흐름이 있는 이야기를 구성하는 평가 과제이다. 투입자료는 그림으로 제시할 수도 있고 단어나 문장 카드를 만들어 제시할 수도 있다. 내용 조직, 어휘력, 정확성 등을 측정할 수 있다.

다음 세 개의 단어를 가지고 이야기를 만들어 말해 보세요.
(준비할 시간은 1분입니다. 주인공의 외모, 성격, 특성에 대한 설명, 사건이 일어난 장소, 날씨, 배경 등에 대해서 자세하게 이야기를 만들어서 말하세요.)

70대 할머니	분식점	키오스크

5. 정보 결함 활동

서로 다른 정보를 가지고 있는 두 수험자 간의 정보 차이를 이용하여 말하기 산출을 유도하는 평가 유형이다. 수험자들은 말하기 활동을 통해 자신이 가진 정보의 빈 곳을 채워가야 한다. 개개인이 가지고 있는 분리된 정보를 한데 모아 하나의 과제를 완성하게 하는 직소(jigsaw)도 정보 결함 활동에 포함된다. 예를 들어 수험자1은 관광지 정보를, 수험자2는 숙박 정보를, 수험자3은 교통편에 관한 정보를 가지고 있다. 세 사람은 자신들이 가진 정보를 모아 여행 계획을 완성하는 과제를 부여 받는다. 과제를 수행하는 동안 평가자는 수험자의 말하기 능력을 어휘력, 정확성, 담화 운용, 내용 조직, 상호작용 태도 등의 기준으로 평가한다. 수험자 간 상호작용을 관찰하는 이러한 과제 유형은 수험자 간의 말하기 수준이 크게 차이 날 때 특정 수험자에게 유리할 수도 불리할 수도 있어 주의가 필요하다.

예 다음 주에 친구를 만나려고 합니다. 계획표를 보고 친구와 만날 약속을 정하는 대화를 해 보세요.

6. 역할극

수험자에게 가상의 역할을 부여하고 그 역할이 되어 주어진 상황에 맞는 대화를 하도록 하는 유형이다. 특정 상황과 맥락에 맞는 말하기를 할 수 있는지를 파악할 수 있어 발음이나 어휘력, 정확성 외에도 담화 운용, 상호작용 태도 등을 평가할 수 있다. 다양한 형태의 상황 맥락을 다룰 수 있는 장점이 있으나 정보 결함 활동처럼 수험자 간의 대화를 관찰하는 평가 유형이므로 수험자 간 숙달도 차이가 클 경우 공정한 평가를 진행하는 것이 어려울 수도 있다. 모범 대화문이나 어휘, 문법 등의 도움 자료를 제공하여 수험자의 말하기 산출을 유도할 수 있다.

예 지하철에서 이 지갑을 잃어버렸습니다. 그래서 분실물센터에 와서 지갑을 찾고 싶다고 말합니다. 분실물센터 직원(평가자)과 대화를 나누어 보세요.

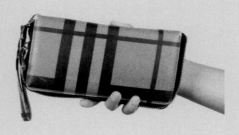

7. 시청각 자료의 내용 말하기

도표나 그래프, 동영상 자료를 보거나 토론이나 연설, TV 프로그램 등을 듣거나 그것이 의미하는 바를 자신의 방식으로 재구성하여 말하는 문항 유형이다. 자료의 해석력을 바탕으로 내용을 잘 조직하여 전달할 수 있는지를 평가한다. 읽기, 듣기와 연계된 기능 통합형 평가 유형이며 상당한 수준의 사고력이 요구되므로 중급 이상에서 사용할 수 있다.

예 '직업에 관한 한국인의 생각'을 나타내는 설문조사 결과 자료를 잘 보세요. 이 자료에 대해 어떻게 생각하는지 앞에 앉아 있는 사람(시험 진행자)에게 표현해 보세요. 준비할 시간은 1분입니다.

8. 토론하기

한 가지 주제에 대해 두 명 이상이 의견을 교환하는 유형이다. 숙달도에 따라 다양한 주제를 도입할 수 있지만 찬반양론이 분명하고 실생활과 가까운 문제일수록 수험자의 말하기 산출을 기대할 수 있다. 고급 단계라면 추상적 주제로 토론을 수행하는 것도 무리가 없겠지만 숙달도가 낮은 수험자를 대상으로 한다면 '친구 생일 선물 결정하기'나 '여행지 결정하기', '데이트 비용 부담' 등과 같이 일상적이고 친숙한 주제를 도입해 말하기 산출을 유도할 수 있다. 수험자들 간의 말하기 활동을 관찰하는 형태의 평가 유형이므로 수험자들의 특성에 따라 다양한 양상으로 진행될 가능성이 존재한다.

1. 친구와 제주도에 가려고 합니다. 다음의 정보를 보고 친구와 함께 여행 계획을 세워 보세요.

제주도까지 교통편	비행기	* 1인 편도 209,000원 * 공항세 11,000원 * 소요 시간 50분
	배	* 1인 편도 164,000원 * 소요 시간 8시간
숙소	호텔	더블룸 1박 250,000원(조식 포함)
	펜션	4인실 1박 50,000원(조식 불포함)
	게스트하우스	다인실(도미토리) 1인 1박 20,000원
제주도 내 교통편	렌트카	경차 24시간 79,000원 (보험료, 연료비 별도)
	택시	1일 100,000원
	버스	시외 3,000원, 시내 1,200원

2. 친한 친구와 토론을 합니다. 친구 A(남성)의 말을 잘 듣고 이에 대한 자신의 의견을 말해 보세요. 친구 B(여성 혹은 남성)가 되어 자신의 의견을 자유롭게 말하면 됩니다.

A : "신문 이름은 생각이 안 나지만 어떤 조사기관이 이런 조사를 했던데? 남자 대학생의 57퍼센트가 데이트 비용 때문에 아르바이트를 한 경험이 있다고 말이야. 여자 친구를 사귀면 데이트 비용에 대한 부담감이 얼마나 큰지 알 수 있지. 나는 왜 남자만 데이트할 때 드는 돈을 다 부담해야 하는지 도대체 이해할 수가 없어."

9. 발표하기

다수의 청자를 대상으로 특정 주제에 대한 자신의 생각을 전달하는 유형이다. 일방향이지만 청자를 고려해야 하므로 상당한 수준의 말하기 기술이 필요하다. 하지만 '고향 소개하기'나 '여행 경험 말하기'와 같은 친숙한 주제를 선정한다면 낮은 숙달도 단계에서도 활용 가능하다. 보통 수험자의 말하기 산출을 최대한 유도하기 위해서 발표에 필요한 다양한 투입자료를 제공하고 그것을 수험자가 재구성하여 발표하게 하는 방식으로 진행한다.

예

1. 다음 자료들을 참고해서 '환경 오염'에 대해서 발표를 해야 합니다. 2분 동안 발표를 준비하세요. 발표 준비가 끝나면 "준비되었습니다."라고 말하고 발표를 시작하면 됩니다. 발표는 5분 동안 하면 됩니다.

자료1 환경 오염의 원인

1. 대기 오염 : 공장의 매연, 자동차 배기가스, 쓰레기의 소각
2. 수질 오염 : 도시 하수, 공장 폐수, 농업 폐수, 쓰레기, 산성비, 대기 오염물
3. 해양 오염 : 도시의 쓰레기, 분뇨, 산업폐기물, 유조선의 난파로 인한 기름 유출
4. 토양 오염 : 중금속, 산성비, 공장 폐수의 유입, 산업 폐기물의 매립, 농약의 대량 살포
5. 지구 온난화 : 인간의 에너지 사용량이 크게 높아진 데 따른 이산화탄소 양의 증가

기타 : _____

자료2

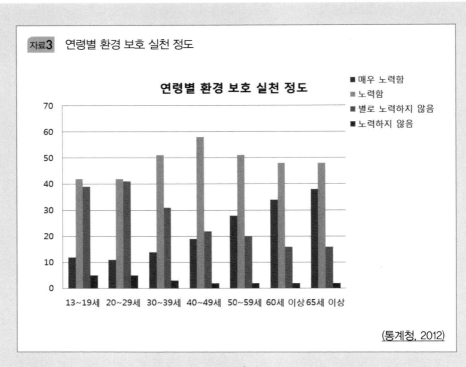

자료3 연령별 환경 보호 실천 정도

연령별 환경 보호 실천 정도

■ 매우 노력함
■ 노력함
■ 별로 노력하지 않음
■ 노력하지 않음

13~19세 20~29세 30~39세 40~49세 50~59세 60세 이상 65세 이상

(통계청, 2012)

자료4 환경 보호를 위한 노력

1) 휴지 대신 _____

2) 종이컵 대신 _____

3) 쇼핑백 대신 _____

4) 음식물 쓰레기 _____

5) 분리수거 _____

6) 대중교통 _____

※ 다음 두 개의 읽기 자료로 중급 수준에 맞는 말하기 문항을 만들어 보자. 무엇을 평가 기준으로 삼을 것인지 채점표는 어떻게 만들 것인지를 고려해서 문항을 작성해 보자.

입주자를 구합니다!

원룸 30m²

월세 55만 원

주택가에 있음, 대학까지 걸어서 10분 거리

침대, 옷장, 냉장고, 세탁기 있음

인터넷 무료

멋과 맛이 살아 있는 전주 한옥마을 초특가 249,000원!
(8~10월 매일 출발)

- 포함 사항: 왕복 버스비, 현지 문화 해설사, 가이드, 차량 보험

- 불포함 사항: 중식, 기타 개인 비용

- 예약 : 042-1111-1234 (출발 2일 전까지)

※ 주말 요금 별도 / 선착순 조기 마감

대한여행사(www.dhtour.net)

※ 고급 학습자의 말하기 능력을 평가하려고 한다. 어떤 평가 방법을 사용하여 말하기 능력을 평가할 것인지 아래의 세부계획서의 형식을 참조로 하여 평가 계획을 세워 보자.

평가 영역	말하기	학습 단계	중급
평가 형태/문항 수		시험 시간	

	문항 유형	배점	구인	채점 척도	투입자료
1					
2					
3					
4					
5					
6					
7					
8					
9					
10					

제 8 장

듣기 평가

이 단원을 공부하면…

◉ 듣기 능력이란 무엇인지 말할 수 있다.
◉ 듣기 능력을 이루는 요소를 말할 수 있다.
◉ 한국어 듣기 능력을 평가할 수 있는 문항을 만들 수 있다.

이야기 나누어 보기

◉ 외국어를 공부할 때 듣기를 어렵게 하는 것은 무엇일까? 듣기를 어렵게 하는 요소에는 어떤 것들이 있는지 생각나는 것들을 이야기해 보자.
◉ 초급과 중급, 중급과 고급 수준의 듣기 능력은 어떤 점에서 차이가 있을지 서로 말해 보자.
◉ 듣기 능력을 어떤 방법으로 평가할 수 있을까? 듣기 능력을 평가하기 위한 방법에는 어떤 것들이 있을지 이야기해 보자.

본 강의

1 듣기 능력
2 듣기 평가의 구인
3 등급별 한국어 듣기 능력
4 듣기 평가 문항을 만들 때의 유의점
5 듣기 평가를 위한 문항 유형

8장에서는 듣기 평가의 기본이 되는 듣기 능력의 개념과 듣기 능력의 구성 요소에 관하여 살핀다. 그 다음 1급에서 6급까지 한국어 학습자의 등급별 듣기 능력 기술을 통해 수준별 듣기 능력의 차이를 파악한 후 듣기 평가 문항을 제작할 때 어떤 점들을 유의해야 하는가에 대해 공부한다. 이와 같은 이해를 바탕으로 다양한 듣기 문항 유형을 살펴본 후 구체적인 한국어 듣기 문항을 접하고 문항 제작을 연습함으로써 한국어 듣기 평가를 담당할 수 있는 실제적인 지식을 확충한다.

❶ 듣기 능력

듣기는 음성 언어를 매개로 한 의사소통 중 이해 기능에 해당한다. 소리를 듣고 그 의미를 파악하는 과정이 듣기라고 할 수 있다. 듣기는 음성 언어를 매개로 하기 때문에 음성 언어가 가지고 있는 특징이 듣기에 영향을 미치게 된다. 가령 음성 언어는 일회적인 특징이 있다. 한번 뱉은 말은 다시 주워 담을 수 없고 보존하는 것도, 반복해서 듣는 것도 불가능하다. 또한 생략과 축약 현상이 빈번하며 주저와 반복이 많고 불완전한 형태로 발화되는 경우가 많다. 그리고 억양, 속도, 휴지, 표정, 몸짓 등의 요소가 의미 이해에 상당한 영향을 미치기도 한다. 따라서 이러한 음성 언어적 특질에 대한 이해가 있어야 온전한 듣기가 가능하다.

과거에는 듣기 능력을 소리를 의미로 전환하여 인식하고 이해하는 인지적인 능력으로 파악하였다면 의사소통 능력이 강조되는 현대에는 화자의 말을 잘 듣고 이해하여 의사소통 상황에 맞는 적절한 반응을 할 수 있는 능력으로 듣기 능력을 정의한다. 듣기 능력은 여러 가지 요소로 이루어지는데 목표어를 듣고 의미로 전환하는 능력에서부터 들은 내용을 말 그대로 파악하는 능력, 의미를 해석하는 능력, 들은 내용에 대한 추론과 비판적 수용을 넘어 공감하는 능력까지도 듣기 능력에 해당된다. 그밖에도 의사소통 상황에서 청자가 필요한 정보를 잘 구별하여 듣는 것도 듣기 능력이라고 할 수 있다.

듣기 능력을 구성하는 하위 요소로는 듣고 핵심 내용을 파악하는 능력, 듣고 필요한 정보를 찾아내는 능력, 듣는 목적에 따른 다양한 전략 사용 능력, 들은 정보를 조직하여 전체 내용을 파악하는 능력, 말하는 의도나 상황과 분위기를 파악하는 능력, 이를 파악해 적절하게 반응하는 능력 등이 있다. 하지만 듣기는 이러한 구성요소가 독립적으로 작용하는 것이 아니라 여러 요소가 동시에 유기적으로 작용하여 비로소 전체 내용을 이해하게 된다는 것을 알아 둘 필요가 있다.

② 듣기 평가의 구인

듣기 능력을 평가하기 위해서는 듣기 능력을 이루는 구성 요인이 무엇인가를 결정하여 이를 평가 기준으로 삼아야 한다. 지금까지 외국어 능력 평가에서 듣기 능력의 구인에 관한 심도 있는 논의는 찾기 힘들다. 듣기 능력을 구성하는 다양한 하위 요소 가운데 듣기 평가에서 측정의 대상으로 삼을 만한 것들을 살펴보면 다음과 같다.

1. 음운 식별력

듣기를 위해서는 우선 음성을 의미로 연결할 수 있어야 한다. 일차적으로 자음과 모음의 음가를 정확하게 인식하고 구별할 수 있어야 어휘의 의미를 이해할 수 있고 구나 절, 문장, 나아가 담화 전체에 대한 이해가 가능해진다.

2. 어휘력

들은 내용을 잘 이해하여 의사소통 상황에 적절한 반응을 하려면 많은 어휘의 의미를 알고 머릿속에 암기하고 있어야 한다. 듣기 능력 가운데 어휘력은 기초적인 의사소통을 위한 필수어휘를 비롯하여 고유어, 한자어, 외래어 등을 폭넓게 알고 다의어에 관한 이해가 깊으며 어휘의 정확한 의미를 맥락 안에서 해석할 수 있는 능력 등을 말한다.

3. 정보 분별력

일상생활에서 귀에 들리는 모든 소리 가운데 필요하고 의미 있는 것을 골라 듣기 위해 정보를 취사선택하는 능력도 듣기 능력을 구성하는 중요한 요소의 하나이다. 중요한 것과 아닌 것을 구분하여 자신에게 필요한 정보를 찾아내는 것, 사실과 의견을 구분하거나 상황과 맥락, 관계 등을 파악하는 것, 기능이나 목적을 파악하는 것과 같은 능력 등도 듣기 능력을 이루는 주요 요소라 말할 수 있다.

4. 비판적 이해력

문자 그대로의 의미 이해를 넘어서서 파악된 정보를 바탕으로 종합적으로 사고할 수 있는가와 관련된 능력을 말한다. 비판적 이해력은 들은 정보를 조직하고 재구성하여 가치 판단을 내리는 능력이다. 의사소통 상황에서 듣기는 결국 들은 것의 의미를 파악하여 판단을 내리고 어떠한 결정이나 반응을 하게 하므로 이러한 비판적 이해력도 듣기 능력의 일부로 평가의 대상이 되어야 할 것이다.

③ 등급별 한국어 듣기 능력

1급

- 소리 자극에 대해 능동적으로 반응한다.
- 짧고 단순한 지시문을 듣고 해석하여 이에 따를 수 있다.
- 매우 간단한 문장과 익숙한 일상 표현을 알아들을 수 있다.
- 매우 간단한 질문이나 안내하는 말을 듣고 의미를 이해할 수 있다.
- 화자의 발화가 단순 진술인지 의문인지, 청유 또는 명령인지 구분해서 대응할 수 있다.
- '인사하기, 자기 소개하기, 물건 사기, 음식 주문하기' 등 생존에 필요한 기본적인 기능을 수행할 수 있다.
- '가족, 취미, 날씨, 장소' 등 친숙한 소재와 관련된 짧은 이야기를 듣고 대략적으로 이해할 수 있다.

2급

- 들을 때 텍스트의 시작과 끝을 인식할 수 있고 소리의 효과를 해석할 수 있다.
- 전화를 받고 전화를 건 목적을 이해하고 부분적으로 대응할 수 있다.
- 우체국이나 은행, 출입국사무소와 같은 공공시설 이용에 필요한 청해가 가능하다.
- 짧고 간단한 안내 방송을 듣고 대략적인 이해가 가능하다.
- 일상대화를 할 때 듣고 지칭하는 대상이 무엇인지 알아 말을 이어나갈 수 있다.
- 익숙하고 분명한 맥락에서 화자의 발화 의도를 파악하여 적절하게 반응할 수 있다.

3급

- 일상생활에서 자주 듣는 말이나 덩어리 표현들을 알아들을 수 있다.
- 영화나 드라마, 광고 등의 음성정보 일부를 듣고 해당 내용을 대략적으로 이해할 수 있다.
- 직장, 학교, 여가생활 등에서 규칙적으로 겪는 익숙한 문제들에 대한 청해가 가능하다.
- 사회적 관계 유지에 필요한 담화를 듣고 내용을 이해할 수 있다.
- 광고나 일기예보, 인터뷰, 안내방송 등을 듣고 핵심 내용을 파악할 수 있다.
- 과거나 미래 등 시간의 흐름에 관계된 진술을 듣고 순서를 파악할 수 있다.

4급

- 비교적 평이한 내용의 뉴스나 방송 내용을 이해할 수 있다.
- 자연재해, 전쟁이나 테러 등 사회적이고 추상적인 소재를 다룬 내용을 대략 알아듣는다.
- 자주 사용되는 관용적 표현이나 속담, 문화적인 내용들을 알아듣고 반응할 수 있다.
- 순서가 뒤죽박죽인 이야기를 듣고 전후 관계를 바로잡을 수 있다.
- 문제 해결이 필요한 토론이나 활동에서 집단 구성원들이 하는 말을 듣고 반응을 보일 수 있다.
- 비교적 친숙한 소재의 토론을 듣고 주장하는 내용이 무엇인지 알 수 있다.

5급

- 복잡하고 다양한 주제의 긴 담화를 이해하여 내포된 의미를 파악할 수 있다.
- 이야기를 들을 때 필수적인 내용 정보를 선택하여 이해할 수 있다.
- 정치, 경제, 사회, 문화 전반에 걸쳐 친숙하지 않은 주제에 관한 담화의 개요를 파악할 수 있다.
- 강의, 대담, 연설 등의 내용을 듣고 중심 생각을 파악하고 대략적인 내용을 전달할 수 있다.
- 사회·문화적 맥락에 관한 이해를 바탕으로 하는 풍자나 유머를 이해할 수 있다.
- 공식적이거나 비공식인 유형의 다양한 듣기 내용을 이해하고 반응할 수 있다.

6급

- 말하는 사람의 입장이나 태도를 이해하여 적절한 대응이 가능하다.
- 들은 정보를 비판적으로 이해하여 평가하는 것이 가능하다.
- 뉴스나 방송 담화를 듣고 내용의 대부분을 이해할 수 있다.
- 정치, 경제, 사회, 과학, 문화 전반에 걸쳐 친숙하지 않은 주제에 관한 담화를 비판적으로 이해할 수 있다.
- 강의, 대담, 연설 등의 내용을 듣고 정리, 요약할 수 있고 재구성할 수 있다.
- 전문적이고 복잡한 맥락의 담화를 듣고 내용을 추론할 수 있다.

④ 듣기 평가 문항을 만들 때의 유의점

평가 문항을 제작할 때 우선 염두에 두어야 하는 것은 어떤 평가 문항 유형과 어떤 투입 자료를 결합해야 수험자의 언어 능력을 실제와 최대한 가깝게 측정할 수 있는가 하는 점이다. 평가는 인위적일 수밖에 없다. 듣기 평가는 평가 도구를 제작하여 인위적인 상황에서 실제 언어 사용 상황이라면 이러할 것이라는 가정 하에 청해력을 측정하는 것이기 때문이다. 따라서 수험자의 듣기 능력을 제대로 측정하기 위해서는 평가의 인위성을 최대한 배제해야 하고 최대한 실제성을 높여 듣기 평가 자료를 제작해야 한다. 듣기 평가 문항을 만들 때에는 다음과 같은 몇 가지 유의사항들이 있다.

첫째, 수험자의 듣기 능력을 정확하게 평가하려면 평가하려는 목표에 부합되는 요소에 집중할 수 있도록 나머지 것은 제거할 필요가 있다. 듣기 자료는 음성으로 구현되므로 시험 입력물의 발음이나 소리가 불분명하다면 평가하려고 했던 원래의 목표를 전혀 달성하지 못하는 경우가 발생할 수 있기 때문에 분명한 발음과 음질이 보장되어야 한다. 또한 말의 속도가 지나치게 빠르거나 생략, 구어체 표현이 많이 등장하면 내용 파악에 어려움을 줄 수도 있으므로 조정이 필요할 수 있다.

둘째, 듣기 자료가 일상대화일 경우 대화 참여자 간 음성에 분명한 차이를 두어 수험자가 자료의 내용 외의 것에 신경을 쓰지 않도록 배려해야 한다. 따라서 초급일 경우 남성과 여성이 등장하고, 만약 동성으로만 이루어져야 하는 대화라면 어른과 아이처럼 등장인물이 확연히 구분되는 내용의 녹음 자료를 써야 한다. 또 장면이 자주 바뀌거나 등장인물이 과도하게 많은 경우, 복잡한 여러 가지 사건이 얽히게 되면 수험자에게 혼란을 줄 수 있으므로 적절하게 조절하는 것이 필요하다.

셋째, 하나의 자료를 무한정 반복해서 들려 주는 방식으로 듣기 평가를 할 수는 없으므로 듣기 자료 안에 잉여 정보를 주는 방법도 고려해 보아야 한다. 듣기 평가는 읽기 평가에 비해 입력 자료의 잉여성과 중복성을 반영할 필요가 있다. 또한 수험자의 실제 듣기 능력을 측정하는 결과를 얻기 위해서는 다양한 담화 맥락에서의 듣기 능력을 평가할 수 있어야 한다. 따라서 듣기 자료의 유형이나 주제도 다양하고 균형 있게 구성하여야 한다.

그밖에 평가 문항을 선다형으로 구성할 경우 정답이 불분명하지는 않은지, 중복 정답의 가능성은 없는지 등을 점검해야 할 것이며, 듣지 않고 선택지만 보고도 답을 고르는 것이 가능한 문항이 되지 않도록 해야 한다. 듣기 문항을 개발하는 과정에서 하나의 듣기 지문에 두 개 이상의 문항을 구성한 경우라도 한 문항의 풀이 여부가 다른 문항 풀이에 영향을 미치지 않도록 조심해야 하는 것은 읽기 평가와 마찬가지이다.

⑤ 듣기 평가를 위한 문항 유형

1. 음운 식별하기

음가를 정확하게 파악하고 있는지를 측정하기 위한 유형이다. 소리와 철자를 연결할 수 있는지, 음운 변동 규칙에 대한 지식이 있는지 등도 평가할 수 있다. 진정한 의미의 의사소통 능력을 평가하는 문항이라고는 할 수 없지만 초급 단계에서 목표어의 정확한 음가를 잘 이해하고 있는지 알기 위해 활용 가능하다.

예

1. 잘 듣고 맞는 것을 고르십시오.

　① 수업　　　　② 수영　　　　③ 수염　　　　④ 수압

　💡 수업

2. 전화번호가 몇 번입니까?

　① 671-5234　　　② 672-5243　　③ 671-5243　　④ 671-5233

　💡 671-5243

3. 잘 듣고 쓰세요.

(　　　　)에 한국에 왔습니다.

 작년에 한국에 왔습니다.

2. 들은 내용에 부합하는 문장이나 대화 고르기

　　듣고 제시된 사진이나 그림 속 상황을 잘 설명하고 있는 것을 찾는 문항이다. 묘사된 내용을 들려 줄 수도 있고 어울리는 대화 내용을 선택지로 만들어 고르게 할 수도 있다. 사진이나 그림이 명확해야 수험자의 듣기 능력을 정확하게 측정할 수 있다.

예 **잘 듣고 그림에 대한 설명으로 알맞은 것을 고르십시오.**

 ① 정류장에 사람이 없습니다.
② 거리에 차가 많이 있습니다.
③ 버스 안에 사람이 많습니다.
④ 사람들이 버스를 기다립니다.

3. 듣고 적절한 반응 찾기

상대방의 말을 듣고 적절한 반응을 할 수 있는 능력을 측정하기 위한 문항 유형이다. 듣고 이어질 말이나 행동을 고르는 방식으로 출제한다.

예

1. 두 사람의 대화입니다. 잘 듣고 이어질 수 있는 말로 알맞은 것을 고르십시오.

①   ②   ③   ④

> 여자: 영화 재미있었어요?
> 남자: _____
>
> ① 네, 영화를 봐요.
> ② 네, 친구랑 봤어요.
> ③ 아니요, 영화를 좋아해요.
> ④ 아니요, 별로 재미없었어요.

2. 잘 듣고 여자가 할 행동으로 알맞은 것을 고르십시오.

① 쇼핑하러 간다.

② 식당에 전화한다.

③ 식당에서 기다린다.

④ 전화번호를 알려 준다.

> 남자: 몇 분이세요?
> 여자: 2명인데… 많이 기다려야 해요?
> 남자: 네, 주말이라서 가족끼리 식사하러 오신 분이 많으시네요. 성함하고 전화번호 남겨 주시면 자리 나는 대로 바로 연락드리겠습니다.
> 여자: 음… 얼마나 기다려야 할까요?
> 남자: 적어도 30분 이상은 기다리셔야 할 것 같아요. 대기자 명단에 올려 드릴까요?
> 여자: 네, 이미나, 010-124-1382번이에요. 쇼핑하고 있을 테니까 자리 생기면 바로 연락 주세요.

4. 듣고 받아쓰기

진정한 의미에서의 의사소통 능력을 측정하기 위한 문항 유형이라고 할 수는 없지만 초급 단계에서 음성과 문자를 연결시키는 능력, 발음 규칙에 대한 이해 정도를 점검하기 위해 교실에서 사용할 수 있는 유형이다. 녹음된 자료에서 나오는 음성을 듣고 받아쓰거나 교사가 읽어 주는 어휘, 문장 등을 듣고 받아쓴다.

5. 듣고 특정 정보 찾기

대화나 독백을 듣고 관련 정보를 찾는 문항으로 일상 듣기에서 빈번하게 수행하는 과제 유형이므로 실제성이 있는 평가 유형이라고 할 수 있다.

1. 대전 지역 날씨를 알고 싶으면 어떻게 해야 합니까?

① 0번을 누른다.

② 1번을 누른다.

③ 99번을 누른다.

④ 별표를 누른다.

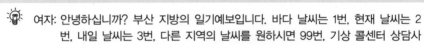

여자: 안녕하십니까? 부산 지방의 일기예보입니다. 바다 날씨는 1번, 현재 날씨는 2번, 내일 날씨는 3번, 다른 지역의 날씨를 원하시면 99번, 기상 콜센터 상담사 연결은 0번, 다시 듣기를 원하시면 별표를 눌러 주십시오.

2. 약국은 어디에 있습니까?

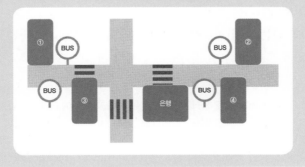

여자: 실례합니다. 이 근처에 약국이 어디에 있어요?
여자: 약국이요? 저기 사거리에 있는 은행 보이세요?
남자: 횡단보도 옆에 있는 거요?
여자: 네. 저 은행에서 횡단보도 건너지 말고 오른쪽으로 쭉 가면 약국이 있어요.

6. 듣고 중심 소재나 중심 내용 파악하기

핵심 내용을 파악하고 있는지 확인하기 위한 유형으로 대화나 담화에서 다루고 있는 소재나 중심 생각 등을 찾도록 출제한다.

1. 잘 듣고 무엇에 대한 내용인지 맞는 것을 고르십시오.

① 공연 관람 안내
② 영화 예매 순위
③ 이 달의 추천 도서
④ 이번 주 상영 영화 소개

> 여자: 먼저 지난주 영화 예매 순위부터 살펴보겠습니다. 〈천국으로 가는 기차〉가 3주 연속 1위를 차지했습니다. 그 뒤를 할리우드 액션 영화 〈어메이징 히어로〉가 무서운 기세로 쫓고 있습니다. 이에 맞설 두 편의 한국 영화가 기다리고 있는데요. 정체불명의 바이러스로부터 가족을 보호하기 위해 고군분투하는 아버지의 이야기를 그린 〈30일〉은 이혜령 작가의 베스트셀러 소설을 완벽하게 스크린으로 옮겨 왔다는 평을 받고 있습니다. 한편 연기파 배우 하정수와 섹시 스타 이유나가 만나 촬영 전부터 화제가 되었던 〈어느 날〉도 이번 주 상영을 앞두고 있는데요. 올 가을 따뜻한 멜로를 기대하시는 분들에게 반가운 소식이 될 것 같습니다.

2. 여자의 생각과 같은 것을 고르십시오.

① 애완동물 등록제와 같은 정책을 실시해야 한다.
② 동물을 입양하려면 특별한 교육을 받아야 한다.
③ 경제력이 없는 사람은 동물을 키워서는 안 된다.
④ 유기 동물 문제는 더 이상 개인의 문제가 아니다.

> 남자: 지난 주말에 '동물가족' 재방송을 보는데요. 떠돌이 유기견이 나왔는데 이 녀석이 자기가 버려진 곳에서 주인을 계속 기다리는 거예요. 비가 와도 눈이 와도 그 자릴 떠나지 않고 밥도 안 먹고요. 모자 쓴 남자만 보면 유심히 보더라고요. 아마 주인이 모자를 쓰고 있었나 봐요. 사람들은 왜 그럴까요? 예쁘다고 데려다 키울 때는 언제고 나이 들고 병들었다고 쓰레기 버리듯 길바닥에 아무렇게나 버리고.
> 여자: 맞아요. 동물을 인형이나 장난감처럼 생각하는 것이 문제인 것 같아요. 생명이니 책임이 뒤따른다는 것을 알아야 하는데 말이에요. 연간 버려지는 동물이 십만 마리가 넘는대요. 유기견 문제는 이제 사회문제가 되었어요. 떠돌아다니던 개가 자기보다 약한 동물을 해치거나 사람을 물었다는 뉴스가 종종 나오잖아요. 언제까지나 개인의 책임감에만 이 문제를 맡겨 놓아선 안 될 것 같아요.

남자: 그래요. 애완동물 등록제도 그런 관점에서 출발했다고 할 수 있죠. 저도 어디서 들었는데요. 유럽의 어떤 나라에서는 동물을 입양하려면 5주간 교육을 받고 동거인의 허락이 담긴 서류, 경제적 능력을 증명하는 서류 같은 것을 제출해야 한대요. 동물에 대한 책임을 강조하는 정책이지요. 개인에게만 맡겨 둘 것이 아니라 사회가 이런 장치를 통해 생명에 대한 책임을 자연스럽게 인식시키는 것이죠.

7. 대화 장소, 대화 참여자의 관계 등 담화 요소 파악하기

추론적 이해 능력을 평가하기 위한 문항으로 들은 내용을 바탕으로 대화가 이루어지는 장소나 대화 참여자의 특성, 직업, 대화 참여자의 관계 등 담화를 둘러싼 요소를 파악할 수 있는지 묻는 유형이다.

1. 지금 두 사람은 어디에 있습니까?

① 공항　　　　② 은행　　　　③ 우체국　　　　④ 여행사

> 남자: 이 소포 어디로 보내실 거예요?
> 여자: 영국이요. 얼마나 걸릴까요?

2. 남자와 여자는 누구인지 고르십시오.

① 기업 임원과 신입사원
② 면접관과 입사 지원자
③ 방송사 기자와 취업 준비생
④ 인사 담당자와 방송사 기자

> 여자: 오늘은 '대한전자'에서 채용 담당 업무를 맡고 계신 이민수 부장님을 모시고 면접에 관한 이야기를 해 보도록 하겠습니다. 면접에서 가장 신경 써야 할 것은 무엇일까요?
> 남자: 가장 중요한 것은 자신 있는 태도입니다. 자신의 생각을 자신 있게 적극적으로 표현한다면 면접관에게 좋은 인상을 줄 수 있습니다. 정중하고 예의바른 태도로 면접에 임하는 것은 기본이고요.
> 여자: 면접 시 특별히 주의해야 할 사항이 있다면요?

남자: 모르는 질문을 받았을 때 아는 척을 하거나 거짓말을 하는 것보다는 솔직하게 모른다고 말하는 것이 좋습니다. 가끔 면접관의 질문과는 상관없이 본인이 준비한 말만 나열하는 사람도 있는데 좋은 방법이 아닙니다. 옷차림은 너무 튀지 않는 무난한 옷과 헤어스타일이 좋습니다. 지나치게 화려한 것보다는 깔끔하고 단정한 것이 좋겠죠.

8. 듣고 제목 붙이기

들은 내용에 대한 전체적인 이해를 바탕으로 이를 함축적으로 드러내는 제목을 찾아야 하는 듣기 평가 유형이다. 상당한 추론적 듣기 능력이 요구되는 고난이도의 문항이다.

예 잘 듣고 제목으로 알맞은 것을 고르십시오.

① 눈이 피곤해지는 원인
② 눈이 피로할 때의 증상
③ 눈의 피로에 좋은 음식
④ 눈의 피로를 줄일 수 있는 방법

남자: 눈이 피곤할 땐 자주 눈을 감거나 움직여야 눈 주위의 근육에 피로가 쌓이지 않습니다. 눈을 잠시 감거나 먼 곳을 보는 것만으로도 피로를 줄일 수 있습니다. 눈 주변을 부드럽게 마사지 하는 것도 도움이 됩니다. 또 컴퓨터나 텔레비전은 약간 내려다보는 위치에 두는 것이 눈의 피로에 좋습니다.

9. 화자의 발화 목적이나 태도 파악하기

들고 화자가 말하는 의도나 화자의 심정, 태도 등을 유추할 수 있는가를 평가하기 위한 문항이다. 전체 담화에 대한 이해 외에도 명시적으로 드러나 있지 않은 정보를 찾아야 하므로 상당한 사고력이 요구되는 난이도가 높은 문항이다. 중급 이상에서 주로 사용한다.

1. 잘 듣고 남자가 이 이야기를 하는 이유가 무엇인지 고르십시오.

① 흡연의 위험성을 경고하려고

② 새로 바뀌는 제도를 소개하려고

③ 금연 성공률을 높이는 방법을 알려 주려고

④ 금연의 필요성을 알리고 참여를 유도하려고

> 여자: 새해 들어서면서 담뱃값이 평균 2000원 인상되었습니다. 게다가 소규모 음식
> 점이나 커피숍까지 금연구역에 포함되었지요. 이제 더 이상 흡연자들이 설 자
> 리가 없어졌습니다. 사회 분위기가 이렇다 보니 많은 흡연자들이 금연을 결심
> 하고 방법을 찾고 있는데요, 대부분 결심에 그치는 경우가 많습니다. 통계에
> 따르면 우리나라 흡연자의 73%는 금연계획이 있고, 55%는 금연을 시도해 본
> 경험이 있다고 하는데, 의지만으로 금연에 성공할 확률은 불과 3~5%에 지나
> 지 않는다고 합니다. 의학적으로 흡연은 단순한 습관이 아니라 질병이기 때문
> 입니다. 따라서 금연 성공률을 높이기 위해서는 흡연자들의 금연 의지만으로
> 는 어렵습니다. 상담과 약물치료와 같은 의료적인 지원이 뒷받침될 때 금연 성
> 공률은 10배나 높아집니다. 따라서 전문가와의 상담을 통해 본인의 니코틴 의
> 존도를 파악하고, 가장 적절한 금연 방법을 찾아야 합니다.

2. 여자의 태도로 맞는 것을 고르십시오.

① 남자가 제시한 자료의 객관성을 의심하고 있다.

② 남자의 주장을 일부 수용하여 대안을 제시하고 있다.

③ 구체적인 사례를 들어 상대방의 주장을 반박하고 있다.

④ 객관적인 데이터를 바탕으로 자신의 의견을 주장하고 있다.

> 남자: 실제 주택가에 CCTV를 설치한 후 범죄율이 40% 이상 감소했다는 조사 결과
> 도 있었습니다. 어디 그뿐입니까? 범인 검거에도 효과적입니다. 최근 강력범죄
> 가 잇따르고 있는데 대처할 인력이 충분한 것도 아니고 현재로선 다른 대안을
> 찾는 것이 쉽지 않습니다. 그뿐만 아니라 심리적인 효과도 무시할 수 없습니다.
> CCTV가 설치되어 있다는 사실만으로도 범죄 예방 효과가 있고 시민 입장에
> 서는 안전감을 느끼기도 하고요.
> 여자: 맞습니다. CCTV가 범죄 예방에 도움이 되는 것은 사실이지요. 하지만 과하다
> 는 것이 문제예요. 혹시 하루에 몇 번이나 CCTV에 노출되는지 아십니까? 우
> 리나라 사람들이 하루 동안 CCTV에 노출되는 횟수가 개인당 평균 83.1회에
> 달한다고 합니다. 전국에 설치된 CCTV가 무려 500만 대에 이른다고 하지요.
> 인구 대비 전 세계에서 가장 많습니다. 엘리베이터 안, 사우나, 찜질방에도 있

어요. 이 때문에 개인의 사생활이란 것이 없어져 버렸습니다. 나도 모르는 사이에 일거수일투족을 감시당하고 있는 셈입니다.

남자: 하지만 안전을 위해서라면 약간의 사생활 침해는 감수해야 하지 않을까요? 범죄는 갈수록 진화하고 있는데 이런 상황에서 개인의 사생활 보호만을 주장할 수는 없지요.

10. 듣고 내용 요약하기

들은 내용을 종합하여 간략하게 요약하게 하는 유형으로 요약한 것을 쓰거나 말하게 하여 '듣고 말하기', '듣고 쓰기' 형태의 기능 통합형 문항으로 구성할 수 있다. 요약을 하기 위해서는 들은 내용의 이해를 바탕으로 재구성해 표현할 수 있는 능력이 요구된다. 따라서 듣기 능력만을 평가하기 위한 문항이라고는 할 수 없으나 교실 단위의 통합형 평가의 일환으로 활용 가능하다.

예 잘 듣고 들은 내용을 3~4문장으로 요약하시오.

남자: 거기에 지금과 같은 불볕더위가 계속된다면 올여름 전력대란은 불 보듯 뻔합니다. 정부는 전기 요금을 인상하는 방법을 동원해서라도 전기 절약을 강제하겠다는 방침입니다. 그렇다면 가정에서 손쉽게 전기를 절약하는 방법에는 어떤 것들이 있을까요? 혹시 대기전력이라는 말을 들어 보셨습니까? 가전제품을 사용하지 않으면 전력 소비가 없다고 생각하시는 분들이 많은데요. 플러그를 꽂아 둔 상태라면 실제 사용하지 않아도 전력이 소비됩니다. 이때 소비되는 전력을 대기전력이라고 하는데 대기전력을 줄이는 것만으로도 10%가량 전기를 절약할 수 있다고 합니다. 플러그만 뽑아도 1년에 한 달은 전기를 공짜로 사용하는 셈이지요. 에너지 절약은 이제 선택이 아닌 필수입니다. 가전제품을 사용하지 않을 때에는 플러그를 뽑아 두세요. 간단한 실천으로 에너지 낭비도 막고 전기 요금도 절약할 수 있습니다.

1 듣기 평가 문항 유형의 예를 참고하여 중급 수준 결혼이주여성을 대상으로 한 듣기 평가 문항을 만들어 보자. 평가 목표는 무엇이며 왜 이러한 문항 유형을 선택했는 지에 대한 이유를 말할 수 있어야 한다.

2 듣기 평가 문항 유형의 예를 참고하여 대학원 과정 입학생을 대상으로 한 고급 수준 듣기 평가 문항을 만들어 보자. 평가 목표는 무엇이며 왜 이러한 문항 유형을 선택했는지에 대한 이유를 말할 수 있어야 한다.

과제

※ 초급 학습자의 듣기 능력을 평가하려고 한다. 어떤 평가 방법을 사용하여 평가할 것인 지 아래의 세부계획서의 형식을 참조로 하여 평가 계획을 세워 보자.

평가 영역	듣기	학습 단계	초급
평가 형태/문항 수	객관식 30문항	시험 시간	50분

	문항 유형	배점	문항 유형	측정 목표	주제/소재	투입자료 유형
1	선다형	3	듣고 맞는 것 고르기	모음 식별	위치	대화 (2인/남녀) 사적 영역
2	단답형	4	듣고 적절한 반응 찾기	의문문의 의미 이해	시간	독백 (5문장)
3	진위형		장소 찾기	어휘의 의미 이해, 담화 상황 파악	여행	대화 (3인/남2, 여1) 공적 영역
4	...		제목 붙이기	중심 내용 파악	길 찾기	
5				추론적 이해	자기소개	
6						
7						
8						
9						
10						

제 9 장

쓰기 평가

이 단원을 공부하면…

◈ 쓰기 능력이란 무엇인지 말할 수 있다.

◈ 쓰기 능력을 이루는 요소를 말할 수 있다.

◈ 한국어 쓰기 능력을 평가하기 위한 문항을 만들 수 있다.

 이야기 나누어 보기

◈ 만약 어떤 사람이 말을 잘한다면 글도 잘 쓸까? 말하기 능력과 쓰기 능력의 상관성에 대해 이 야기해 보자.

◈ 만약 어떤 사람이 모국어로 글을 잘 쓴다면 외국어로도 잘 쓸까? 모국어와 외국어 쓰기 능력 의 상관성에 대해 이야기해 보자.

◈ 글쓰기를 어렵게 하는 것은 무엇일까? 쓰기를 어렵게 하는 요소에는 어떤 것들이 있을지 이 야기해 보자.

◈ 초급과 중급, 중급과 고급 수준의 쓰기 능력은 어떤 점에서 차이가 있을지 서로 말해 보자.

 본 강의

1 쓰기 능력

2 쓰기 평가의 구인

3 등급별 한국어 쓰기 능력

4 쓰기 평가 문항을 만들 때의 유의점

5 한국어 쓰기 평가 문항의 유형

9장에서는 쓰기 평가의 기본이 되는 쓰기 능력의 개념과 쓰기 능력의 구 성 요소에 관하여 살핀다. 그 다음 1급에서 6급까지 한국어 학습자의 등급 별 쓰기 능력 기술을 통해 수준별 쓰기 능력의 차이를 파악한 후 쓰기 평 가 문항을 제작할 때 어떤 점들을 유의해야 하는지에 대해 공부한다. 이 와 같은 이해를 바탕으로 다양한 쓰기 평가용 유형들을 살펴본 후 구체적 인 한국어 쓰기 문항을 접하고 문항 제작을 연습함으로써 한국어 쓰기 평 가를 담당할 수 있는 실제적인 지식을 넓힌다.

① 쓰기 능력

쓰기란 문어를 통해 의사소통의 요구를 충족시키는 표현 기능을 말한다. Widdowson(1983)은 쓰기를 언어 사용의 규칙에 맞춰 이루어지는 의사소통 활동이라 보고 의사소통적 상호작용이 없는 쓰기물은 쓰기를 위한 쓰기이며 고립된 언어 조각들의 집합물에 불과하다고 주장하였다.

쓰기를 한다는 것은 단순히 고정된 지식의 나열이 아니라, 의미를 생성하고 조직하며 재구성해 가는 상호작용적 과정이다. 그렇다면 같은 표현 활동에 해당하는 말하기를 잘하는 사람은 쓰기도 잘할까? 한국어를 자유롭게 구사하는 한국어가 모국어인 사람인 경우에도 쓰기 능력은 천차만별이다. 즉, 말하기와 쓰기 모두 능한 사람이 있는가 하면 말은 잘하더라도 글쓰기는 잘하지 못하는 경우도 있다. 쓰기는 말하기와는 달리 자연적으로 습득되는 기능이 아니다. 쓰기 능력은 후천적인 교수-학습을 통해 길러진다.

우리는 말을 글자로 틀리지 않고 옮길 수 있다고 해서 글을 잘 쓴다고 하지는 않는다. 필자가 전달하고자 하는 내용을 어휘, 문법, 사회문화적 지식을 총동원하여 잘 조직하고, 적절한 수사적 형식을 빌려 독자에게 효과적으로 전달했을 때 비로소 쓰기 능력이 있다고 한다. 이처럼 고도의 사고력 및 조직력에 적절한 형식까지 갖추어야 하기 때문에 쓰기를 가장 상위의 언어 기술로 본다.

과거의 쓰기 평가는 어휘 문법적 지식이나 수사학적 능력을 발휘하여 완성한 글을 대상으로 이루어졌다. 쓰기는 말하기와는 달리 독자의 반응을 살피며 표현한 것들을 다듬어 가는 과정이 이루어질 수 없으므로 정확성을 매우 중요하게 여겼을 것이다. 그뿐만 아니라 쓰기에서는 의사소통상의 언어적 결함을 보충하기 위한 언어 외 장치들이 없기 때문에 말하기보다 더 엄격하게 정확성을 강조한다. 하지만 의사소통 능력이 강조되고 쓰기를 아이디어를 생성하고 조직하며 구성해 가는 창조적인 과정으로 파악하는 관점을 채택한다면 쓰기 능력을 평가하는 기준도 더 다양해질 필요가 있다.

쓰기 능력은 어휘와 문법의 정확한 사용뿐만 아니라 주제에 대한 폭넓은 내용 지식, 목적에 맞게 내용을 구성하고 조직하는 능력, 글의 형식과 구조에 대한 지식 등으로 이루어진다. 또한, 효과적인 전달을 위해 다양하게 스타일을 변용하는 능력, 문장 부호, 맞춤법에 대한 지식 등이 포함된다.

② 쓰기 평가의 구인

쓰기 능력을 평가하기 위해서는 일차적으로 쓰기 능력을 구성하는 요인들이 무엇인지가 논의되어야 한다. 쓰기 평가의 대상인 쓰기 능력은 대체로 다음과 같은 요소가 포함된다.

1. 내용 지식

내용 지식이란 글을 통해 전달하려고 하는 내용에 관한 지식을 말한다. 글을 쓰기 위해서는 우선 내용이 있어야 하고, 이 내용에 대한 지식이 풍부해야 좋은 글을 생산할 수 있다. 아무리 문법적으로 틀림이 없고 수사적 기법이 뛰어난 글을 썼다고 하여도 글에 담긴 내용이 부실하다면 좋은 글이라고 할 수 없다. 따라서 글에서 다루는 내용에 대한 지식이 얼마나 풍부한가, 즉 주제와 관련된 내용을 얼마나 넓고 깊게 다루고 있는가는 쓰기 능력을 구성하는 요소이며 중요한 평가의 대상이 된다.

2. 조직성

독자가 흥미를 가지고 글을 읽어 가고 내용을 이해하기 쉽도록 조직하였는가의 특성을 말한다. 글을 읽는 사람을 배려하여 알맞게 조직하고 배열할 수 있는 능력을 갖추어야 글을 잘 쓴다고 할 수 있다. 조직성은 글의 흐름이 논리적인가, 단락 간의 연결이 매끄러운가, 전개에 도움이 되는 담화 표지를 잘 사용할 수 있는가, 다양한 장치를 사용하여 문장과 문장, 단락과 단락을 긴밀하게 연결하고 있는가 등을 포함한다.

3. 정확성

어휘나 문법 요소의 사용에 얼마나 오류 없이 글이 완성되었는가와 관련된 것으로, 의미를 쉽고 명료하게 전달하기 위해서는 글에 오류가 적거나 없어야 한다. 문어를 통한 상호작용은 구어처럼 면대면성이나 즉시성을 가지지 않기에 상대의 반응을 보며 그 자리에서 수정하거나 보완하는 것이 불가능하다. 따라서 쓰기 평가에서는 말하기 평가보다 정확성이 더 많이 요구된다.

4. 범위

어휘 및 표현 구문, 관용 표현 등을 다양하게 사용할 수 있는 능력을 의미한다. 언어적 요소를 글의 목적과 맥락에 맞게 다양하고 풍부하게 사용할 수 있는 것은 쓰기 능력의 중요한 부분이다. 같은 내용을 쓰더라도 여러 가지 단어와 표현을 사용하여 나타낸다면 지루함과 단조로움을 피할 수 있어서 독자에게 읽는 즐거움을 준다. 전달하고자 하는 내용을 어휘와 표현의 폭을 넓게 사용해서 나타낼 수 있다면 범위에서 높은 점수를 얻을 수 있는 쓰기 능력을 갖추었다고 할 수 있다.

5. 적절성

쓰기는 독자를 대상으로 한 목적 있는 의사소통 행위이다. 따라서 글을 읽는 사람이 누구인가, 글을 쓰는 목적이 무엇인가에 따라 적절한 선택을 할 수 있어야 한다. 쉽게 말해 독자나 글의 목적에 따라 언어 및 구조, 격식 등을 적절하게 골라 사용할 수 있는 것이 적절성에 관한 능력이다. 글의 전개 방식, 문체 등이 글의 목적과 독자를 고려했는가, 장르에 부합하는 형식을 선택하여 글을 썼는가 등의 능력이 적절성에 해당한다.

6. 맞춤법에 관한 지식

구두점 및 규정, 철자법 등 세부사항을 정확하게 알고 쓰는 맞춤법에 관한 지식을 가리킨다. 글쓴이가 자신이 나타내고자 하는 의미를 정확하게 전달하기 위해서는 구두점을 정확히 지켜 쓰고 맞춤법이나 문장 부호 등을 규정대로 써야 한다. 말하기 평가에서는 정확한 음운 규칙의 사용에 대해 상당히 관용적이나 쓰기 평가에서는 맞춤법 규칙을 잘 지켜 쓰는 것에 대해 상대적으로 엄격하다고 할 수 있다.

③ 등급별 한국어 쓰기 능력

1급

- 자신이 생각하는 의미를 표현하기 위해 몇 개의 어휘나 표현을 문자화할 수 있다.
- 편지, 안내문, 메모 등의 빈 곳에 들어갈 단어를 써 넣을 수 있다.
- 다른 사람의 글을 모방하거나 참고해서 위험을 알리는 짧은 글, 호소문 등을 쓸 수 있다.
- 메모나 초대장 등 일상생활을 하면서 필요한 짧은 길이의 실용문을 쓸 수 있다.
- 가족, 취미, 날씨, 장소 등 자주 접하는 소재와 관련된 짧은 서술문을 쓸 수 있다.

2급

- 개인적이고 익숙한 주제에 관해 문단 단위로 쓸 수 있다.
- 자신의 경험을 간단하게 쓰되 두 문장은 한 문장으로 연결해서 표현할 수 있다.
- 일기, 편지(이메일) 등 간단한 생활문이나 짧은 설명문을 쓸 수 있다.
- 외모 차이나 물건의 크기, 모양 등 간단한 수준에서 비교하는 글을 쓸 수 있다.
- 병원, 은행, 출입국사무소 등의 공공시설을 이용할 때 필요한 쓰기를 할 수 있다.
- 자신의 배경, 주변 환경, 빨리 해결되어야 하는 문제(소음, 고장 등)를 묘사하는 글을 쓸 수 있다.

3급

- 날씨, 여행과 음식 등과 같은 소재를 대상으로 하여 문단 단위로 일관성 있게 글쓰기를 할 수 있다.
- 목적에 맞게 다양한 접속어와 연결어미 등을 사용해서 글을 쓸 수 있다.
- 의미를 강조하기 위한 다양한 장치들을 활용해서 글을 쓰는 것이 가능하다.
- 익숙하거나 개인적인 관심이 있는 주제에 대한 글을 쓸 수 있다.
- 비교하기, 대조하기, 묘사하기, 주장하기 등을 위한 쓰기를 부분적으로 수행할 수 있다.
- 지시문, 사용 설명서, 메모 등을 보고 그에 대한 반응을 글로 써서 나타낼 수 있다.

4급

- 주어진 글을 읽고 이에 기초하여 200단어 내외의 글쓰기를 할 수 있다.
- 광범위한 주제에 관해서 자세하게 서술할 수 있다.
- 어느 정도 체계적이고 상세하며 논리적인 서술을 할 수 있다.

- 일반적인 업무 환경에서 요구되는 글쓰기를 어느 정도 수행할 수 있다.
- 사회적이고 추상적인 소재의 글을 어느 정도로 쓸 수 있다.
- 비교하기, 대조하기, 묘사하기, 주장하기, 논증하기, 비판하기 등의 기능을 수행하기 위한 글을 쓸 수 있다.
- 시사적인 문제를 다루는 글을 어느 정도 논리적으로 쓸 수 있다.

5급
- 정치, 사회, 문화 전반에 걸쳐 친숙하지 않은 주제에 관한 글쓰기를 어느 정도 할 수 있다.
- 전문 분야에서 요구되는 글쓰기를 시작과 전개, 마무리를 분명히 하며 수행할 수 있다.
- 해당 텍스트의 조직 방식을 준수해서 업무에 필요한 서류나 보고서 등을 쓸 수 있다.
- 자신의 주장을 논리적으로 구성할 수 있으며 복잡한 주제에 관한 250단어 이상의 글을 쓸 수 있다.
- 서사적 텍스트나 정보적 텍스트에서 글의 내용을 분명히 하고 순서를 나타내기 위해 문단을 구분해서 쓴다.
- 공식적이거나 비공식적인 맥락을 구분하여 그에 알맞은 글을 쓸 수 있다.

6급
- 정치, 경제, 사회, 문화 전반에 걸쳐 친숙하지 않은 주제를 다루는 글을 쓸 수 있다.
- 전문 연구 분야나 업무 수행에 필요한 글쓰기를 350단어 이상의 분량으로 일관성 있게 할 수 있다.
- 어떤 쟁점에 대해 독자의 관심을 불러일으키고 설득이 되는 비판적 글쓰기를 할 수 있다.
- 듣거나 읽은 정보를 정리, 요약하여 글로 재구성할 수 있다.
- 내용을 통제하고 있음을 보이고, 조직적인 방법으로 글을 배열하며, 관점을 구체화해서 글을 쓸 수 있다.
- 내용과 언어적 요소, 배열 방법을 창의적으로 시도한 글쓰기를 할 수 있다.

④ 쓰기 평가 문항을 만들 때의 유의점

쓰기 평가 역시 수험자의 언어 산출을 전제로 하는 것이므로 수험자의 글이 나오지 않는다면 평가는 불가능하다. 따라서 수험자의 언어 산출을 최대한 이끌어 낼 수 있는 방향으로 평가 문항을 제작해야 한다. 쓰기 평가 문항을 만들 때 유의사항은 다음과 같다.

첫째, 쓰기 평가를 할 때에는 문항이 요구하는 것을 분명하고 정확하게 나타내었을 때 수험자의 충분한 시험 수행을 기대할 수 있다. 따라서 써야 할 내용에 대해 명료한 지시가 있어야 하며 글의 주제나 형식, 길이 등에 대해 분명하게 제시되어야 한다.

둘째, 쓰기 문항 각각에 대한 평가 기준을 제공하는 것도 바람직한 평가 문항이 되는 것에 기여한다. 또한 수험자가 생각을 정리하고 가다듬어 글을 쓸 수 있을 만큼의 적절한 시간을 주는 것도 필요하다.

셋째, 쓰기 평가는 수험자의 직접 산출을 유도해야 한다. 다양한 쓰기 평가의 방식이 존재하지만 되도록 문어 의사소통 능력을 평가하기 위한 문항을 제작해야 한다. 간혹 채점상의 어려움을 이유로 선다형 문항으로 수험자의 쓰기 능력을 평가하는 경우를 볼 수 있는데 이와 같은 간접 평가는 진정한 의미에서의 의사소통 능력을 평가한다고 하기 어렵다. 진정한 의사소통 능력을 평가하기 위해서는 적어도 일정 분량의 직접적인 쓰기 산출을 유도하는 문항이 포함되어야 한다.

말하기 평가와 마찬가지로 쓰기 평가에 있어서도 평가의 신뢰도 확보를 위한 노력이 중요하다. 채점자의 주관성 개입을 최소화하기 위해서 채점 척도를 명확하게 설정하고 적용해야 하며, 채점자 훈련 등을 통해 평가의 신뢰도를 높이기 위한 노력을 지속해야 할 것이다.

⑤ 한국어 쓰기 평가 문항의 유형

1. 받아쓰기

단어나 문장 등을 듣고 소리를 글로 옮기는 문항 유형이다. 엄밀한 의미에서는 의사소통 능력을 평가하기 위한 문항이라고는 할 수 없으나 소리와 문자를 연결할 수 있는지와 맞춤법에 맞는 문장을 쓸 수 있는지 등을 측정하기 위한 목적으로 흔히 사용된다. 보통 초급 수준의 학습자를 대상으로 한 교실 평가의 한 방법으로 이용한다.

2. 그림 보고 쓰기

그림을 보고 내용을 구성하여 쓰는 문항 유형이다. 그림을 보고 묘사하는 글쓰기 방식이나 어떤 흐름이 있는 여러 개의 그림을 제시하여 하나의 이야기를 구성해 쓰는 방식 등 수험자의 수준에 따라 다양한 문항 제작이 가능하다.

> **예** 다음 그림을 보고 빈칸에 들어갈 말을 쓰십시오.
>
>
>
> 우리 가족사진입니다. 우리 가족은 할머니, 아버지, 어머니, 저, 모두 네 명입니다.
> 할머니 _____. 아버지는 선생님이십니다. _____.
> 어머니는 회사에 다니십니다. 저는 대학생입니다.

3. 시각자료를 보고 쓰기

그래프나 도표 등 제시된 시각자료를 글로 전환하는 문항 유형을 말한다. 그래프를 보고 그것이 의미하는 바를 글로 서술하도록 할 수도 있고 비교나 대조, 분석 및 예측 등을 하는 쓰기를 요구할 수도 있다. 어휘의 범위 및 정확성 외에도 내용 조직이나 구성력 등을 평가할 수 있다.

> **예** 다음 그림을 보고 직장인이 화를 푸는 방법에 대해 비교하는 글을 200~300자로 쓰십시오.
>
> **화를 푸는 방법**
>
> 직장인 500명을 대상으로 '화를 푸는 방법'에 대해 설문조사를 하였다.
>
>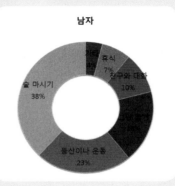

4. 양식 빈칸 채우기

각종 신청서, 이력서, 안내문 등과 같이 일상에서 쉽게 접하는 특정한 서식을 주고 서식 안의 빈칸에 들어갈 사항을 써 넣도록 하는 유형이다. 실제성이 높고 의사소통적 과제이기는 하나 어휘력이 바탕이 되면 쉽게 쓸 수 있으므로 고차원적인 사고력이나 내용 조직력 등을 평가하기 위한 문항 유형은 아니다.

다음 서류의 빈칸을 채워 완성하십시오.

이력서

사진	이름	김민수	전화번호	010-192-9026
	생년월일	850815 (만 31세)	이메일	ms0815@dhmail.com
	주소	서울특별시 강동구 새희망로 48번길 22		

학력 사항				
학력 구분	기간	출신 학교	전공	졸업 여부
대학교	2005. 3 ~ 2009. 2	한국대학교		졸업
대학원	2014. 3 ~ 현재	한국대학교 대학원		

경력 사항			
회사명	근무 기간	직위	담당 업무
대한컴퓨터	2008.8 ~ 2008.12	인턴사원	개발지원
한국컴퓨터	2009.3 ~ 2013.12		

외국어 능력 및 자격증			
외국어 능력		자격증	
영어	상, 중, 하	자격증명	취득일
중국어	상, 중, 하		
기타( )	상, 중, 하		

위 기재 내용이 틀림없음을 확인합니다.
2026. 10. 24. 지원자 김민수

5. 완성하기

맥락에 맞는 문장 또는 문단을 완성하는 문항으로 주로 주어진 텍스트를 읽고 빈칸을 채우는 형태로 제시된다. 수험자의 언어 수준에 따라 짧은 구나 절 쓰기에서 문단 쓰기에 이르기까지 다양한 방식으로 변형하는 것이 가능하다. 텍스트 내용에 대한 이해가 선행되어야 하며 정확성과 함께 내용 구성력 등을 평가할 수 있다.

1. 빈칸에 들어갈 내용을 쓰십시오.

저는 보통 토요일에 친구를 만납니다. 지난주에는 친구들과 같이 인사동에 갔습니다. 여러 가게를 구경하고 사진도 찍었습니다. 아주 재미있었습니다. 다음 주에는 _____.

2. 다음 글에 이어서 자신의 생각을 3문장 이상 쓰십시오.

사람은 누구나 친구가 필요하다. 왜냐하면 _____

_____

_____

_____.

3. 밑줄에 들어갈 내용을 쓰십시오.

성인 남녀 10명 중 4명은 남성 전업주부에 대해 호의적인 것으로 나타났다. 지난 3일 여성가족부가 발표한 조사 결과에 따르면 전국 20세 이상 65세 미만 성인남녀 5천 명을 대상으로 조사한 결과 응답자의 43%가 가사와 육아를 담당하는 남성에 대해 거부감이 없다고 답했다. 조사 결과에 의하면 남성보다 여성이 남성 전업주부에 대해 더 긍정적이었으며, 특히 응답자 중 대졸 이상 여성이 남성 전업주부에 대해 가장 긍정적인 것으로 나타났다. 한편 _____.
20대 응답자 중 50%가 남성의 가사 분담에 대해 긍정적이었으나, 50대와 60대에서는 각각 38%와 35%에 불과했다. 특히 20대 여성의 절반 이상이 남성 전업주부에 대해 긍정적이라고 답한 데 비해 60대 남성의 경우에는 28%에 불과해 두 집단 간 인식차가 컸다.

6. 양식 전환하기

간단한 메모를 보고 완성된 형태의 글로 전환하기, 어떤 서식을 보고 다른 형태의 서식으로 전환하기 등의 방식으로 제시되는 평가 문항이다. 제시된 자료를 잘 활용해 하나의 완성된 형태의 글로 조직해야 한다.

예

1. 신문 기사 제목을 읽고 기사의 내용을 재구성해 30자 내외로 쓰십시오.

> 불황의 그늘, 편의점 도시락 찾는 직장인들

↓

_____

_____

2. 다음의 연구 요약 내용을 바탕으로 쓴 조사 보고서의 후반부에 들어갈 내용을 완성하시오.

서론	• 외국인 학생을 위한 과목이 실제로 학업에 도움이 되지 않는 것들이 많음. • 외국인 학생들에게 도움이 되는 과목이 어떤 것인지 조사하여 학교 측에 요구하고자 함.
조사 대상 및 방법	• 대상: 우리 학교에 재학 중인 외국인 유학생 50명 • 방법: 설문 조사 실시
조사 내용 및 결과	• 한국 유학에서 가장 어려운 점이 무엇인가? – 한국어 문제(33명), 경제 문제(9명), 외로움(6명), 기타(2명) • 현재 개설된 과목의 문제점은 무엇인가? – 한국어 능력 향상에 도움이 안 됨(29명), 어려움(12명), 재미없음(9명) • 학업 능력 향상을 위해 필요한 과목이 무엇인가? – 한국어 말하기(23명), 한국어 쓰기(14명), 소규모 수업(8명), 한국 문화(5명)
조사를 통해 얻은 결론	• 외국인 학생들에게 가장 필요한 것은 한국어 능력 향상임. • 외국인 학생들을 위한 과목이 개설되어 있지만 학업에 실질적인 도움이 되지 못함. • 한국어 말하기 능력 향상을 위해 소규모로 이루어진 수업이 필요함. • 중도에 포기하는 학생들이 생기지 않기 위한 대책이 필요함.

↓

우리 학교의 외국인 유학생도 이제 1000명을 넘어섰다. 학교에서는 외국인 유학생을 위해 몇몇 과목을 개설하여 유학생의 학교생활 적응과 학업을 돕고 있지만 개설된 교과목이 실제로 외국인 유학생들에게 도움이 되는지는 의문이다. 이에 외국인 유학생들을 대상으로 도움이 되는 과목이 무엇인지를 파악해 학교 측에 건의하기 위해 조사를 실시하였다.

우리 학교에 재학 중인 외국인 유학생 50명을 대상으로 2025년 5월 6일부터 13일까지 일주일에 거쳐 설문조사의 방식으로 자료를 수집하였다. 설문지는 첫째, '한국 유학에서 가장 어려운 점은 무엇인가?', 둘째, '현재 개설된 과목의 문제점은 무엇인가?', 셋째, '학업 능력 향상을 위해 필요한 과목은 무엇인가?'의 총 세 문항으로 구성되었다.

7. 상황에 맞게 글쓰기

편지 읽고 답장 쓰기, 고민 상담 글 읽고 조언하기 등 제시된 상황과 맥락에 적합한 내용의 글을 쓸 수 있는지 평가하는 문항이다. 목적과 상황에 맞는 적절한 내용을 잘 조직해 써야 한다.

예

1. 다음은 인터넷 게시판에 올라온 고민 상담 글입니다. 잘 읽고 답글을 써 보십시오.

저는 아이를 키우는 주부입니다. 아파트에 살고 있는데 언젠가부터 집 안에서 담배 냄새가 나기 시작했습니다. 저희 집에는 담배를 피우는 사람이 없습니다. 아마 아래층에 새로 이사 온 집에서 담배를 피우는 모양인데 담배 냄새가 너무 괴롭습니다. 창문을 닫고도 지내 봤지만 날씨가 점점 더워지고 있어 이제는 더 이상 무리입니다. 저는 이웃과 잘 지내고 싶습니다. 어떻게 하면 서로 기분 상하지 않고 이 일을 잘 해결할 수 있을까요? 좋은 방법이 있다면 좀 알려 주십시오.

↓

_____

_____

_____

_____

_____

2. 아래층에서 올라오는 담배 냄새를 참을 수 없어 주민들에게 협조를 요청하는 글을 써서 승강기에 붙이려고 합니다. 어떻게 쓰면 좋을까요? 아래에 쓰세요.

주민 여러분께

_____

_____

_____

306동 1208호 영미 엄마 올림

8. 읽고 요약하기

제시된 글을 읽고 내용을 요약해 쓰는 유형으로 기능 통합형 평가 문항에 해당한다. 내용에 대한 충분한 이해와 함께 핵심 내용을 함축적으로 잘 전달할 수 있는 방법을 찾아 내용을 재구성해야 하므로 고도의 쓰기 능력을 요구하는 난이도가 높은 문항의 하나이다.

예 **다음 글을 읽고 100자 이내로 요약하십시오.**

최근 정부는 흡연율을 줄이기 위해 금연구역을 확대해 나가고 있다. 금연구역 확대로 담배를 피우지 않는 사람들은 보호받게 되었지만 담배를 피우는 사람들은 점점 더 보호받지 못하고 있다. 우리나라 성인 남성 중 60% 정도가 담배를 피우는데 흡연 장소가 마련되어 있지 않은 상태에서 금연 구역만을 확대하기 때문에 이들의 불만이 커지고 있다. 진정한 금연 문화를 추진하려면 어느 정도의 흡연 구역을 마련해 주어야 할 것이다.

↓

_____

_____

_____

9. 찬반 견해 쓰기

제시된 주제에 대해 찬성과 반대의 한쪽 의견을 선택한 후 논거를 들어 내용을 논리적으로 전개해 나가야 하는 유형이다. 내용 지식, 어휘의 범위, 정확성과 적절성, 내용 조직 등 다양한 구인을 평가할 수 있다.

예 주택가 무인 감시 카메라 설치에 대한 자신의 입장을 논하시오.(400~600자)

_____
_____
_____
_____
_____
_____

10. 자유 작문

다양한 주제에 관해 자유롭게 글을 쓰도록 하는 평가 문항이다. 보통은 중·고급 단계에서 사용되는 유형이지만 가족이나 친구 소개하기, 하루 일과 소개하기와 같은 친숙한 주제를 선정한다면 초급에서도 사용할 수 있다. 자유 작문이지만 엄연히 평가 문항의 하나이므로 수험자를 위해서나 평가자를 위해서나 최소한의 지침은 필요하다. 글의 진행 방향과 관련하여 몇 가지 조건을 제시해 줄 수도 있고, 분량에 대한 제한을 줄 수도 있다. 내용 지식, 어휘의 범위, 정확성과 적절성, 내용 조직 등 다양한 구인을 평가할 수 있다.

예 현대 우리가 살고 있는 세상에서 일어나고 있는 '지구 열탕화' 위기를 극복하기 위해서 어떤 노력을 해야 하는지에 대해 500자 이내의 글을 쓰십시오.

1 다음 자료를 가지고 중급 수준에 맞는 쓰기 문항을 만들어 보자. 무엇을 평가 기준으로 삼을 것인지 채점 척도는 어떻게 할 것인지에 대해서도 생각해 보자.

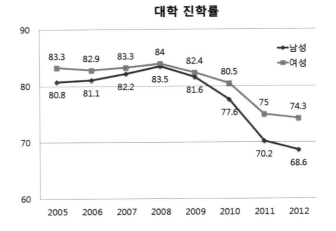

대학 진학률

2 다음 읽기 자료를 가지고 고급 수준에 맞는 쓰기 문항을 만들어 보자. 무엇을 평가 기준으로 정할 것인지 채점 척도는 어떻게 할 것인지에 대해서도 생각해 보자.

> 지구 반대편에는 물 때문에 하루하루를 힘들게 보내는 이들이 있습니다. 아프리카의 시에라리온에서는 2명 중 한 명이 흙탕물을 마시고 있고, 20초에 한 명이 수인성 질병으로 인해 죽어가고 있습니다. 5세 미만 어린이의 40%가 설사로 고통받고 있고 상당수 주민이 박테리아, 기생충으로 인한 간염, 장티푸스 등으로 힘들어 합니다. 2012년 한 해 2500명이 콜레라로 사망했는데 그중 대다수는 어린이였습니다. 지금 이 시간에도 가방 대신 물통을 메고 학교 대신 20km가 넘는 거리를 물을 뜨러 가는 어린이가 있습니다.
>
> 여러분은 하루에 커피 값으로 얼마를 쓰십니까? 여러분이 마시는 커피 한 잔이 이 아이들에게는 희망이 될 수 있습니다. 생명을 살리는 일에 동참하지 않으시겠습니까? 커피 한 잔 값으로 이 아이들에게 미래를 선물할 수 있습니다. 여러분의 작은 도움의 손길이 이 아이들에게 큰 힘이 될 것입니다.

과제

※ 중급 학습자의 쓰기 능력을 평가하려고 한다. 어떤 평가 방법을 사용하여 평가할 것인지 아래의 세부계획서의 형식을 참조로 하여 평가 계획을 세워 보자.

평가 영역	쓰기	학습 단계	중급
평가 형태/문항 수		시험 시간	

	문항 유형	배점	구인	채점 척도	투입자료
1					
2					
3					
4					
5					
6					
7					
8					
9					
10					

제10장

읽기 평가

● 읽기 능력이란 무엇인지 말할 수 있다.
● 읽기 능력을 이루는 요소에 대하여 말할 수 있다.
● 한국어 읽기 능력을 평가할 수 있는 문항을 만들 수 있다.

 이야기 나누어 보기

● 만약 어떤 사람이 모국어로 된 글을 많이 읽었다면 외국어로도 된 글도 잘 읽을 수 있을까? 모국어와 외국어 읽기 능력의 상관성에 대해 이야기해 보자.
● 읽기를 어렵게 하는 것은 무엇일까? 읽기를 어렵게 하는 요소에는 어떤 것들이 있을지 이야기해 보자.
● 초급과 중급, 중급과 고급 수준의 읽기 능력은 어떤 점에서 차이가 있을지 서로 말해 보자.

 본 강의

1 읽기 능력
2 읽기 평가의 구인
3 등급별 한국어 읽기 교육의 목표
4 읽기 문항을 만들 때의 유의점
5 읽기 평가 문항의 유형

10장에서는 먼저 읽기 평가의 기본이 되는 읽기 능력의 개념과 읽기 능력의 구성 요소에 관하여 살핀다. 그 다음 1급에서 6급까지 한국어 학습자의 등급별 읽기 능력 기술을 통해 수준별 읽기 능력의 차이를 파악한 후 읽기 평가 문항을 제작할 때 어떤 점들을 유의해야 하는지에 대해 공부한다. 이와 같은 이해를 바탕으로 다양한 읽기 문항 유형을 살펴본 후 구체적인 한국어 읽기 문항을 접하고 문항 제작을 연습함으로써 한국어 읽기 평가를 담당할 수 있는 실제적인 지식을 넓힌다.

① 읽기 능력

읽기는 문자 언어를 매개로 한 의사소통 중 이해 영역에 해당하는 기능이다. 읽기란 문자 언어를 기계적으로 해독하는 것으로부터 추론과 같은 복잡한 개념적 조작에 이르기까지 폭넓고 다양한 정의가 가능하다. 인간은 정보나 지식을 얻기 위해서 읽기를 하고 때로는 즐거움을 얻기 위해서 읽기도 한다. 인간은 읽기 자료를 모두 끝까지 집중해서 읽는 것은 아니다. 필요에 따라 선택하여 읽기도 하고 중요한 것만 골라 집중해서 읽기도 한다. 따라서 읽기는 목적이 있는 활동이며, 선택적인 활동이라고 할 수 있다. 이 때문에 읽기를 할 때에는 읽는 목적과 글의 유형에 따라 각각 다른 방식으로 접근해야 할 필요성이 생긴다.

과거에는 텍스트의 의미를 고정된 것으로 파악하여 읽기를 단순히 내용을 이해하는 활동이자 수용적인 기능으로 정의하였다. 하지만 최근에는 텍스트의 의미는 고정된 것이 아니라 독자의 배경지식과 상호작용하며 재구성되는 것이라고 본다. 즉, 읽기는 필자와 독자, 텍스트와 독자 간 상호 활동이 활발하게 이루어지는 역동적인 과정으로 파악한다. 따라서 읽기 능력 역시 단순히 글을 읽고 문자 언어의 의미를 이해하는 능력, 즉 글의 해독, 독해의 과정을 넘어서 독자가 글을 읽고 자신이 가진 배경지식을 바탕으로 필자가 글을 통해 전달하고자 하는 바를 파악해 가는 동시에 의미를 재구성하는 능력까지 포함된다고 할 수 있다.

읽기 능력은 여러 가지 하위 요소로 구성된다. 텍스트에 나타난 정보를 정확하고 신속하게 사실적으로 파악하는 능력(사실적 이해), 사실적 이해에 근거하여 텍스트에 명시적으로 나타나 있지 않은 정보를 추론하는 능력(추론적 이해), 사실적 이해와 추론적 이해를 바탕으로 텍스트를 비판적으로 이해하며 그 가치를 평가하는 능력(평가적 이해)까지 포함된다.(이완기 2003:278~279)

② 읽기 평가의 구인

읽기 능력을 평가하기 위해서는 일차적으로 읽기 능력을 구성하는 요인들이 무엇인지가 논의되어야 한다. 읽기 평가의 대상인 읽기 능력은 대체로 다음과 같은 요소가 포함된다.

1. 어휘 및 문법 요소에 대한 이해

글의 내용을 파악하기 위해서는 글을 구성하고 있는 언어적인 요소에 대한 이해가 선행되어야 한다. 어휘나 문법 표현의 의미를 맥락 안에서 해석할 수 있는 능력이 필요하다. 따라서 단순히 어휘나 문법의 의미를 알고 있는지를 측정할 것이 아니라 맥락 안에서 어휘나 문법의 기능적 의미를 파악하고 있는지의 여부를 평가해야 할 것이다.

2. 글의 구조에 대한 지식

정확하고 신속하게 글의 의미를 이해하기 위해서는 언어적 요소에 대한 이해만으로는 부족하다. 어떤 유형의 글인지, 어떠한 전개 방식을 사용하고 있는지 등 글의 조직과 관련된 지식의 활용이 내용 이해를 돕는다. 따라서 글의 장르 및 구조에 관한 지식과 이를 활용한 읽기 지문의 이해 또한 읽기 능력을 구성하는 요소로 읽기 능력 평가의 대상이 될 수 있을 것이다.

3. 사실적 이해력

글의 내용을 읽고 추론하거나 비판적으로 분석할 필요 없이 글 속에 담긴 정보를 정확하게 이해하는 능력을 말한다. 글 전체의 내용을 체계적으로 파악하는가, 핵심 내용을 빠르게 짚어내는가, 언어로 표현된 의미와 실제 사실과의 관계를 정확하게 이해하는가 등이 내용에 대한 사실적 이해력에 해당한다.

4. 내용 분석력

중요한 것과 아닌 것을 구분하여 자신에게 필요한 정보를 찾아내는 것,

사실과 의견을 구분하거나 상황과 맥락 및 관계 등을 파악하는 것, 기능이나 목적을 파악하는 것과 같은 능력도 읽기 평가에서 다루어야 한다. 특히 정보가 넘쳐나는 현대 사회에서 자신에게 필요하고 의미 있는 것을 골라 처리할 수 있는 능력도 읽기 능력을 구성하는 중요한 요소라고 할 수 있다.

5. 비판적 이해력

문자 그대로의 의미 이해를 넘어서서 파악된 정보를 바탕으로 종합적으로 사고할 수 있는지와 관련된 것이 비판적 이해력이다. 이는 대략적인 내용 파악이 된 정보를 조직하고 재구성하여 가치 판단을 내리는 능력이다. 의사소통 상황에서 비판적 이해력은 어떠한 판단 또는 결정을 뒷받침하는 요소로 기능하므로 읽은 내용을 종합하여 가치 판단을 내리는 능력 또한 읽기 능력의 일부로 평가의 대상이 되어야 할 것이다.

③ 등급별 한국어 읽기 교육의 목표

1급

- 매우 간단한 문장과 친숙한 표현으로 된 글을 이해할 수 있다.
- 생활에서 자주 접하는 표시나 표시판의 의미를 이해할 수 있다.
- 메모나 식당의 메뉴판, 영수증, 안내문 등 익숙한 실용문의 의미를 이해할 수 있다.
- 물건 가격표나 버스 노선도, 기차 시간표 등 생존에 필요한 읽기를 할 수 있다.
- 우체국, 병원, 약국, 은행 등 공공시설을 이용할 때 필요한 읽기를 할 수 있다.
- 가족, 취미, 날씨, 초대 등 친숙한 소재와 관련된 짧은 서술문을 읽고 대략적인 이해가 가능하다.

2급

- 글을 읽을 때 이미 알고 있는 기초(기본) 어휘들을 자동적으로 활용해서 의미를 이해한다.
- 개인적이고 친숙한 화제에 관한 문단 단위 이상의 글을 이해할 수 있다.
- 정보적 텍스트인 표나 색인, 제목, 그림 등의 의미를 이해할 수 있다.
- 광고나 생활 안내문, 광고 전단지 등을 읽고 필요한 의미를 이해할 수 있다.
- 간단하게 작성된 편지(이메일)나 안내문 등을 읽고 내용을 파악할 수 있다.

- 과거나 미래 등 시간의 흐름이 있는 글을 읽고 순서나 전후 관계를 파악할 수 있다.

3급

- 사용 설명서, 광고, 호소문 등을 읽고 중요한 정보를 파악할 수 있다.
- 이야기를 읽고 배경, 갈등, 에피소드, 결말과 같은 주된 요소에 대해 이해할 수 있다.
- 직장, 학교, 여가 생활 등을 하며 규칙적으로 접하게 되는 글을 이해할 수 있다.
- 도서관, 박물관 등 다양한 공공시설의 이용과 사회적 관계 유지에 필요한 글을 읽고 이해할 수 있다.
- 건강, 날씨, 전자통신 등 친숙한 사회적 소재에 관한 문단 단위 이상의 글을 읽고 이해할 수 있다.
- 전쟁(분쟁), 종교 등 자주 접하는 추상적인 소재를 다룬 글을 이해할 수 있다.
- 친숙한 주제를 다룬 설명문이나 논설문을 읽고 대략적인 내용을 파악할 수 있다.

4급

- 한국 문화에 대한 기초적인 이해를 바탕으로 한 사회·문화적인 내용의 글을 이해할 수 있다.
- 일상적이고 친숙한 내용의 신문 기사를 이해할 수 있다.
- 업무나 공공시설 이용 등 사회적이고 공적인 일을 수행하는 데 필요한 서식을 이해할 수 있다.
- 텍스트에 포함된 정보를 추론해 내어 깊이 있는 이해를 할 수 있다.
- 가벼운 시나 수필 등 문학작품을 읽고 감상할 수 있다.
- 다양한 장르의 글을 읽고 글의 주제, 목적, 필자의 의도 등을 파악할 수 있다.

5급

- 주제를 찾기 위해 텍스트 구조에 관한 지식을 활용해서 읽기를 할 수 있다.
- 특정한 텍스트의 목적과 유형에 따른 읽기를 함으로써 해당 텍스트의 정확한 의미 파악을 할 수 있다.
- 전공으로 삼은 연구 분야나 업무 수행에 필요한 글을 읽고 대략적인 의미 파악이 가능하다.
- 정치, 경제, 사회, 문화 전반에 걸쳐 친숙하지 않은 소재를 다룬 글을 읽고 핵심 내용을 요약할 수 있다.

- 복잡하고 다양한 주제의 비교적 장문의 글을 읽고 내포된 의미를 파악할 수 있다.
- 사회·문화적 맥락이 포함된 내용과 풍자와 유머가 있는 글을 읽고 내포된 의미를 추론할 수 있다.

6급

- 전문적인 연구 분야나 업무 수행에 필요한 장문의 글을 읽고 이해하는 것이 가능하다.
- 글의 구조나 언어는 다르지만 주제는 유사한 글들을 비교해서 읽는 것이 가능하다.
- 정치, 경제, 사회, 문화 전반에 걸쳐 친숙하지 않은 소재를 다룬 장문의 글을 비판적으로 이해할 수 있다.
- 같은 주제나 쟁점에 대해 서로 다른 유형의 텍스트에 나타나 있는 정보를 평가하며 글을 읽을 수 있다.
- 복잡한 사회적 문제를 다루거나 깊이 있는 주제에 관한 글을 읽고 세부적인 내용을 파악할 수 있다.
- 복합적인 사안을 다룬 글을 읽고 섬세한 의미 차이를 구별하여 이해할 수 있다.

④ 읽기 문항을 만들 때의 유의점

읽기 평가의 전제가 되는 것은 읽기란 독자와 텍스트가 상호작용한 결과라는 것이다. 그러므로 읽기는 독자가 장기 기억 속에 저장되어 있는 것들을 끌어내는 것이며 읽기 평가는 독자에게 저장된 텍스트의 일부를 드러내는 방식으로 이루어진다.

읽기 평가 문항을 제작할 때 가장 먼저 고려해야 되는 것은 평가 문항의 유형을 정하고 평가 문항에 포함시켜야 하는 읽기 텍스트를 만드는 일이다. 이때 잊지 말아야 할 것은 어떻게 하면 수험자의 읽기 능력을 온전하게 평가해 낼 수 있는가의 문제이다.

수험자의 읽기 능력을 타당하게 평가하기 위해서는 평가의 목적에 부합하는 문항을 만들어야 하며 최대한 진정성 있는 읽기 텍스트를 제공해야 한다. 이를 위해서 읽기 텍스트를 개발할 때에는 수험자의 언어 수준과 특성 등을 고려해야 하며 수험자가 접할 가능성이 높은 소재와 장르 등을 예측하여 실제성을 높여야 한다. 수험자의 수준에 맞지 않는 텍스트를 선정하면 수험자의 읽기 능력을 정확하게 평가할 수 없다. 또한 수험자의 특성을 고려하지 않고 수험자에게 익숙하지 않거나 접할 가능성이 낮은 유형의 텍스트로 읽기 능력을 평가한다면 그 결과를 신뢰하기 어려울 것이기 때문이다. 나아가 각각의 평가 문항이 평가하려는 목표와 부합하지 않는 텍스트를 선정한다면 그 결과를 신뢰할 수 없을 것이다. 따라서 평가하고자 하는 목표를 효과적으로 평가할 수 있는 문항 유형을 선정하고 그에 적합한 읽기 텍스트를 만들어야 한다.

읽기 평가가 높은 타당성을 견지하기 위해서는 가능하면 다양한 장르의 읽기 자료를 포함시키고 정치, 종교, 성, 경제적 지위 등에 관한 편견이 있는 글은 피해야 한다. 또한 사회문화적으로 수험자를 차별하는 문항은 아닌지에 대한 면밀한 검토도 필요하다.

그밖에 평가 문항을 선다형으로 구성할 경우 정답이 불분명하지는 않은지, 중복 정답의 가능성은 없는지 등을 꼼꼼하게 점검해야 할 것이며, 텍스트를 읽지 않고 선택지만 보고도 답을 유추할 수 있는 문항은 없는지 따져 보아야 한다. 가끔 하나의 텍스트에 두 개 이상의 문항을 포함시킨 읽기 시험도 있는데 이 경우에는 앞 문항이 다음 문항을 푸는 데에 영향을 미치지 않도록 주의해야 한다. 가급적 '1지문 1문항'을 지키는 것이 문항 간 독립성을 유지하게 해 주므로 바람직하다.

⑤ 읽기 평가 문항의 유형

1. 표지, 도표, 그래프 등 시각자료의 의미 파악하기

제시된 시각자료를 읽고 자료의 내용을 이해하였는지 평가하는 문항으로 실생활에서 접할 수 있는 읽기 유형이다. 어떤 시각 자료를 투입하는지에 따라 초급에서 고급 수준까지 활용할 수 있다. 간단한 표지의 의미를 파악하는지를 평가하는 문항이라면 초급에서 사용 가능하며 복잡한 내용의 도표나 그래프라면 중급 혹은 고급 단계에서 사용 가능하다.

예 다음을 보고 맞는 것을 고르십시오.

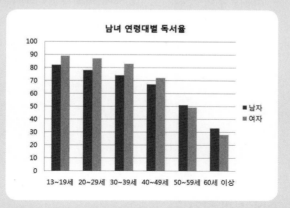

① 60대 남녀의 독서율에는 차이가 없다.
② 나이가 들수록 독서를 덜 하는 경향이 있다.
③ 50대 이상은 남자보다 여자의 독서율이 더 높다.
④ 20대 여자보다 20대 남자가 책을 더 많이 읽는다.

2. 빈칸에 들어갈 적절한 표현 찾기

글을 읽고 빈칸에 들어갈 표현을 찾는 문항 유형으로 글의 흐름을 이해하는 능력을 평가하기 위한 것이다. 빈칸의 전후로 답을 유추할 수 있는 정보가 주어져야 한다. 수험자의 언어 수준에 따라 어휘에서 구(절), 문장 차원으로 빈칸에 들어갈 말을 확대해서 문항을 만들 수 있다.

예 다음을 읽고 빈칸에 들어갈 가장 알맞은 것을 고르십시오.

태풍의 이름은 아시아 14개국이 각 10개씩 제출한 총 140개의 이름을 번갈아 사용한다. 140개를 모두 사용하면 다시 1번부터 사용한다. 그러나 (   ) 태풍 이름은 다시 사용하지 않는다. 예를 들어 '매미'는 우리나라에 큰 피해를 주어 '무지개'로, 일본에 피해를 준 '나비'는 현재 '독수리'로 변경되었다. 사람들의 걱정이나 우려를 덜기 위함이다. 한편 한글로 된 태풍 이름이 유독 많아 보이는 것은 북한도 태풍 이름을 제출했기 때문이다.

① 한글로 된   ② 한 번 사용한
③ 북한에서 제출한   ④ 큰 피해를 입혔던

3. 중심 소재 찾기

글을 읽고 중심 소재를 찾는 문항으로 전체 담화에 대한 내용 이해력을 평가하기 위한 유형이다. 이 유형의 문항을 개발할 때에는 전체 담화에 대한 이해를 바탕으로 답을 고를 수 있도록 주의해야 한다. 수험자의 언어 수준에 따라 다양한 읽기 지문과 소재를 선택하여 문항을 만들면 된다.

1. 다음은 무엇에 대한 글입니까?

주말에 남자 친구와 영화를 보기로 했습니다.

① 시간   ② 친구   ③ 약속   ④ 취미

2. 다음을 읽고 무엇에 대한 내용인지 맞는 것을 고르십시오.

대전시 동구 청소년문화센터에서는 사회에 작은 변화를 만들어 갈 청소년을 찾고 있습니다. 청소년 여러분의 많은 참여 부탁드립니다.

기간 : 2025. 12. 1(월) ~ 12. 19(금)
대상 : 현재 대전시 동구에 살고 있는 중1~고1 청소년
활동 내용 : 월 1회 독거노인 방문, 청소 · 목욕 도우미
접수 방법 : 홈페이지(www.djyouth.net)에서 신청서 다운로드 후 접수

- 방문 접수 : 대전시 동구 청소년문화센터 210호
- E-mail : hyyoon@djyouth.net
문의 : 윤혜연(042-123-4567)

① 회원 모집   ② 문의 사항   ③ 봉사 일정   ④ 구인 광고

4. 세부 정보 파악하기

읽기 지문에 담긴 정보를 정확하게 파악했는지를 평가하기 위한 문항이다. 글을 읽고 내용과 일치하는 것 또는 내용과 다른 것을 찾는 형태의 선다형으로 구성하는 경우가 많다. 수험자 수준에 따라 다양한 지문과 소재를 활용하면 된다.

예 다음을 읽고 내용과 다른 것을 고르십시오.

한국전자 최신형 10인용 전기밥솥입니다.
몇 달 전에 TV를 사면서 사은품으로 받은 건데 필요 없어서 판매하려고 합니다.
사진 찍으려고 꺼내 보기만 했습니다. 실제 사용은 하지 않았습니다.
인터넷 최저가가 32만 원인데 25만 원에 팔겠습니다.
평일 6시 이후 또는 주말에 서울역에서 직거래 가능합니다.
근무 중에는 전화를 못 받으니 메시지 남겨 주십시오.
010-123-1234

① 밥솥을 사려면 서울역에 가야 한다.
② 밥솥은 몇 번 사용하지 않아 새 것이나 다름없다.
③ 이 밥솥을 인터넷으로 사면 32만 원에 살 수 있다.
④ 텔레비전을 사면서 선물로 받은 밥솥을 팔려고 한다.

5. 중심 내용 파악하기

글을 읽고 핵심 내용이나 주제를 찾는 유형으로 글 전체에 대한 이해력이 있는지를 평가하기 위한 것이다. 읽기 지문 안에서 주제문을 찾게 하는 형태로도 만들 수 있다.

예 **다음을 읽고 중심 생각을 고르십시오.**

서울시는 지난해부터 지하철에 '임산부 배려석'을 지정하여 운영하고 있다. 지하철에 마련된 노약자석의 이용 대상자임에도 임산부임이 밖으로 드러나지 않아 주위의 따가운 눈총에 시달리는 임산부를 배려하기 위해서 시행하고 있다. 하지만 실제로 '임산부 배려석'을 이용하는 임산부는 많지 않다. 홍보가 부족한 것이 원인이기도 하지만 '임산부 배려석'이 지하철 내의 일반석과 잘 구분되지 않기 때문이기도 하다. 노약자석은 일반석과 따로 분리되어 있는데 비해, 임산부 배려석은 열차의 중앙 양 끝에 일반석과 같이 자리하고 있고, 의자에 간단한 표시가 있는 것이 고작이다. 그나마 임산부 배려석임을 나타내는 표시도 좌석에 앉으면 가려져 보이지도 않는다.

① 임산부를 배려하는 정책을 시행해야 한다.
② 노약자석처럼 임산부 배려석도 분리해야 한다.
③ 임산부 배려석은 임산부를 배려한 서울시의 정책이다.
④ 임산부 배려석 이용률을 높이기 위해 홍보를 해야 한다.

6. 전후 관계 파악하기

추론적인 독해력을 평가하기 위한 유형으로 글의 내용을 파악하는 능력, 글의 구조에 대한 지식, 전체적인 담화에 대한 이해력을 평가하기 위한 것이다. 주로 중급 이상에서 활용되며, 전후 이야기를 유추할 수 있는 정보가 지문 안에 담겨 있어야 한다.

예 이 글의 앞에 올 내용으로 가장 알맞은 것을 고르십시오.

그렇다면 최근 이렇게 만화 원작 영화가 증가한 이유는 무엇일까? 드라마 제작 관계자들은 만화가 주목받는 이유로 다양한 소재를 첫 번째로 꼽았다. 기존에 볼 수 없었던 참신한 소재가 많고 구성 면에서도 탄탄하기 때문에 선호한다는 것이다. 또 기존 원작이 인기가 있는 경우 영화의 인기로 이어질 가능성이 크다는 점도 그 이유라고 한다. 하지만 탄탄한 스토리로 이미 검증이 끝난 만화 원작이라고 할지라도 성공이 보장되는 것은 아니다. 실제로 몇몇의 만화 원작 영화가 기대 이하라는 평가를 받고 극장가에서 조용히 사라지기도 했다. 현실감과 설득력을 확보하지 못했기 때문이다. 따라서 원작이 있는 영화가 성공하려면 만화가 가진 상상력을 현실감 있게 재창조하는 것이 중요하다.

① 성공한 만화 원작 영화의 예   ② 최근 인기를 끌고 있는 영화
③ 만화 원작 영화의 증가 현상   ④ 제작자가 선호하는 영화 소재

7. 글쓴이(화자)의 심경 파악하기

읽기 지문에 명시적으로 나타나 있지 않은 정보를 유추해 내는 문항 유형이다. 글을 읽고 필자나 글 속 화자의 태도를 유추해 내는 것은 상당한 수준의 읽기 능력을 필요로 하므로 중급 이상에서 활용하는 것이 적절하다.

지난 주말에 속초로 아주 짧은 여행을 다녀왔다. 속초는 서울에서 버스로 2시간 반 정도 걸리는 작은 도시인데 아름다운 바다와 풍부한 먹을거리가 있어 언제나 여행객들이 넘치는 곳이다. 나는 도착하자마자 바닷가 근처 시장부터 갔는데 금강산도 식후경이라고 시장에서 맛있는 음식을 먹기 위해서였다. '물회'를 먹었는데 내 입맛에는 맞지 않았지만 활기 넘치는 시장에서 식사를 하는 기분이 색달랐다. 식사를 마친 후에는 해변을 걷다가 분위기 좋아 보이는 커피숍에 들어가 바다를 보며 커피를 한 잔 마셨다. 속초를 대표하는 관광지 중 하나인 '아바이마을'에도 가 봤는데 이곳은 6·25 전쟁 이후에 피난민들이 북쪽 고향과 가까운 속초에 자리를 잡으면서 생겨난 곳이라고 한다. 난 이곳에서 줄을 끌어 당겨 움직이는 '갯배'도 타 보았다. 드라마 촬영지로도 유명한 곳이라서 그런지 곳곳에서 사진을 찍는 관광객들이 참 많았다. 속초 등대 전망대에도 가 보고 싶고 속초의 야경도 보고 싶었지만 출근을 해야 하므로 서둘러 서울로 돌아와야 했다. ㉠ 돌아오는 발걸음이 무거웠다.

※ ㉠의 의미로 알맞은 것을 고르십시오.

① 짐이 무거워 여행하기 힘들었다.
② 너무 많이 걸어서 다리가 아팠다.
③ 회사에 일이 생겨 서울로 돌아와야 했다.
④ 아쉬움이 남아 서울로 돌아가고 싶지 않았다.

8. 제목 붙이기

지문 전체 내용에 대한 이해를 바탕으로 적절한 제목을 정하게 하는 문항 유형이다. 상당한 수준의 사고력을 요하는 문항이므로 중급 이상 단계에서 사용하는 것이 좋다.

다음 글의 제목으로 알맞은 것은 무엇입니까?

_____

이용 요금은 1인당 1박에 45,000원입니다.

예약 문의: 061-222-1234,

입금 계좌: 대한은행 124-132904-01-211(예금주: 김민수)

세면실, 화장실, 샤워실은 각 층마다 하나씩 있습니다.

3층 공동 공간에서 인터넷 사용 가능합니다.

각 방은 밤 12시 이후에는 불을 끕니다.

12시 이후에 용무가 있으신 분은 3층 공동 공간을 이용해 주십시오.

아침에 토스트와 커피, 샐러드를 무료로 제공합니다. (6시-8시)

각 방에는 사물함과 헤어드라이어가 있습니다. 샴푸, 린스, 수건도 준비되어 있습니다.

9. 글의 기능이나 목적 파악하기

지문을 읽고 그 글이 어떤 기능이나 목적을 가졌는지 유추하는 문항이다. 일정 분량의 글 속에 내포된 기능 혹은 목적을 파악해야 하므로 중급 이상에서 사용하는 것이 적절하다.

글쓴이가 글을 쓴 목적이 무엇인지 고르십시오.

겨울철 실내 적정 온도는 18도에서 20도 정도로, 온도를 1도 낮출 때마다 최대 7%의 난방비가 절약된다. 난방비를 절약하는 최고의 방법은 새어 나가는 열을 막는 것인데 창문과 문틈에서 들어오는 찬바람만 막아도 집안의 온도가 2~3도 정도 상승한다. 또 내복을 입는 것만으로도 체온이 2~3도 상승한다고 하니 내복만 입어도 14% 정도 난방비를 줄일 수 있다. 이 밖에도 커튼을 치거나 바닥에 카펫이나 담요를 까는 것도 실내 온도를 보존하는 좋은 방법이다.

외출 시 보일러를 끄는 것은 난방비 절약에 도움이 되지 않는다. 보일러를 껐다가 다시 켜면 완전히 차가워진 집 안을 다시 데우는 데 많은 에너지가 소비되기 때문이다. 따라서 짧은 외출이라면 보일러를 끄기보다 '외출 모드'로 설정해 일정 온도를 유지하는 것이 좋다.

① 난방비 절약 방법을 알려 주려고
② 실내 온도를 유지하는 방법을 소개하려고
③ 겨울철 보일러 관리의 중요성을 강조하려고
④ 실내 온도와 난방비와의 관계에 대해 설명하려고

10. 글의 제목이나 목차 보고 내용 추측하기

제목이나 목차를 보고 전체 내용이 무엇일지 유추하는 문항이다. 충분하지 않은 정보로 그 안에 내포된 의미를 파악해야 하므로 중급 이상에서 사용할 수 있다.

예 **신문 기사의 제목을 보고 어떤 내용의 기사가 오는 것이 적절할지 고르십시오.**

얼어붙은 소비… 정부, 뾰족한 수 없어 '전전긍긍'

① 경제 문제 해결을 위한 정부의 노력이 미흡하다.
② 폭설로 길이 얼어붙어서 정부가 대책을 준비 중이다.
③ 빙판길 교통사고에 대한 정부의 대책 마련이 시급하다
④ 소비를 증가시킬 특별한 방법이 없어 정부가 고민에 빠졌다.

11. 문장 순서 파악하기

순서가 뒤섞인 여러 개의 문장을 논리적 흐름에 맞게 재구성하는 문항이다. 어휘력, 문장 이해력, 글의 구조에 대한 이해력 등을 평가하기 위한 것이다. 초급 수준에서는 여러 개의 문장을 주고 순서를 배열하는 방식으로 출제한다. 또 중·고급 수준에서는 문장이 아닌 단락을 순서대로 배열하는 문항으로 변형해서 출제한다.

예

1. 다음의 문장들을 순서대로 맞게 배열한 것을 고르십시오.

> (가) 하지만 물을 너무 많이 마시면 수면에 방해가 될 수 있다.
> (나) 건강한 삶을 위해서는 물을 마시는 방법이 중요하다.
> (다) 따라서 잠자기 1시간쯤 전에는 물을 안 마시는 것이 좋다.
> (라) 물은 하루에 8잔 정도 여러 번 나누어 마시는 것이 좋다.

① (나)-(가)-(라)-(다)   ② (가)-(다)-(나)-(라)
③ (나)-(라)-(가)-(다)   ④ (가)-(라)-(다)-(나)

2. 다음 글을 순서대로 맞게 배열한 것을 고르십시오.

> (가) 6개월간 작품을 준비해 왔다는 이 두 배우는 인터뷰가 진행되는 두 시간 내내 서로를 칭찬하기 바빴다. 이제 김재훈과 박소희는 관객과 만날 준비를 모두 마쳤다. 두 사람의 호흡이 관객과 어떻게 소통할지 기대가 크다.
>
> (나) 오는 12월 1일부터 내년 1월 27일까지 대학로 소극장에서 공연하는 연극 〈이몽룡〉의 주인공 김재훈(32)과 박소희(27)를 대학로의 한 카페에서 만났다. 이번 작품으로 처음 만난 사이이지만, 사랑하는 연인을 연기하면서 이미 서로에게 익숙해진 듯 서로가 매우 편안해 보였다.
>
> (다) 제목이 의미하는 바와 같이 연극으로 재해석된 이번 작품은 춘향이를 중심으로 이루어지던 기존 작품과는 달리 남자 주인공을 중심으로 이야기가 전개된다. 배경을 현대로 가져온 이번 연극은 춘향의 정절, 춘향과 몽룡의 사랑을 주제로 해 왔던 기존의 작품들과는 달리 이몽룡의 성장과 사회 적응기를 중점으로 한다.

(라) 성춘향과 이몽룡의 사랑이야기 〈춘향전〉은 잘 알려진 한국의 고전이다. 조선시대에 판소리 '춘향가'로 널리 불렸으며, 지금도 판소리 다섯 마당 중 하나로 인정받고 있다. 오페라, 뮤지컬, 드라마 등 다양한 장르에서 재탄생시킨 작품도 여럿 있다.

① (나)-(다)-(가)-(라) ② (라)-(다)-(나)-(가)
③ (나)-(라)-(다)-(가) ④ (라)-(가)-(다)-(나)

12. 문장이나 단락을 넣거나 빼기

전체 담화에 대한 이해와 글의 전개 구조에 대한 지식을 갖추고 있는지를 평가하기 위한 문항 유형이다. 주로 중급 이상에서 사용할 수 있으나 소재나 어휘 표현 등의 난이도가 낮다면 초급에서도 사용이 가능하다.

1. 잘 읽고 다음 문장이 들어갈 가장 적절한 곳을 고르십시오.

생활 속에서 할 수 있는 운동도 많다.

운동의 중요성은 누구나 알고 있다. (가) 그러나 일부러 시간을 내서 운동을 하는 것은 쉽지 않다. (나) 시간이 있을 때만 운동을 할 수 있는 것은 아니다. (다) 예를 들어 TV 보면서 다리 들어올리기, 엘리베이터를 이용하지 않고 계단으로 다니기 등이 그것이다. (라) 평소 생활 습관만 조금 바꿔도 일상생활에서 운동의 효과를 누릴 수 있다.

① (가) ② (나) ③ (다) ④ (라)

2. 다음을 읽고 글의 흐름에 어울리지 않는 문장을 고르십시오.

하루에 몇 시간 정도 자는 것이 가장 이상적일까? ① 우리는 지금까지 하루 7~8시간이 적정 수면 시간이라고 알고 있었다. ② 하지만 최근 적게 자는 사람이 더 건강하다는 연구 결과가 나왔다. ③ 한국은 전 세계에서 가장 잠이 부족한 국가로 한국인은 하루 평균 8시간 미만 자는 것으로 조사되었다. ④ 연구 결과에 따르면 평균 5시간에서 6시간 30분쯤 잠을 자는 사람이 가장 건강했다.

① 읽기 평가 문항 유형의 예를 참조하여 초급 단계 읽기 평가 문항을 제작해 보자. 측정 목표는 무엇이며 평가 문항 유형 선택의 이유가 무엇인지 말할 수 있어야 한다.

② 읽기 평가 문항 유형의 예를 참조하여 중급 단계 읽기 평가 문항을 제작해 보자. 측정 목표는 무엇이며 평가 문항 유형 선택의 이유가 무엇인지 말할 수 있어야 한다.

과제

※ 초급 학습자들의 학업 성취도를 파악하기 위해 50분짜리 지필 평가를 기획하려고 한다. 학습자의 읽기 성취 수준을 어떻게 측정할 것인지 세부계획서의 형식을 참조로 하여 구체적인 평가 계획을 수립해 보시오.

평가 영역		읽기	학습 단계		초급
평가 형태/문항 수		객관식 30문항	시험 시간		50분

	문항 유형	배점	문항 유형	측정 목표	주제/소재	투입자료 유형
1	선다형	3	빈칸에 들어갈 말 고르기	어휘의 의미 이해	날씨	서술문(2문장)
2	단답형	4	중심 소재 찾기	문장의 의미 이해	취미	편지(3문장)
3	진위형		일치하는 내용 고르기	세부 내용 파악	가족	안내문(5문장)
4	...		단락 순서 배열하기	문장의 의미 이해, 담화 구조 이해…	교통	설명문
5					쇼핑	
6					건강	
7						
8						
9						
10						

제 11 장

어휘 평가

◉ 어휘 능력이란 무엇인지 말할 수 있다.
◉ 어휘 능력을 이루는 요소를 말할 수 있다.
◉ 한국어 어휘 능력을 평가할 수 있는 문항을 만들 수 있다.

 이야기 나누어 보기

◉ 일상생활을 수행하는 데 필요한 어휘는 어떤 것들이 있는가? 일상생활에 필요한 어휘 수는 얼마나 될까?
◉ 어휘 능력을 독립적으로 평가하지 않고 다른 영역에 포함시켜 평가하는 것에 대해 어떻게 생각하는가? 어휘 능력을 독립적으로 평가해야 할까?
◉ 어휘 능력은 어떤 방법으로 평가할 수 있을까? 어휘 능력을 평가하기 위한 방법에는 어떤 것들이 있을지 이야기해 보자.

 본 강의

1 어휘 능력
2 어휘 평가의 구인
3 등급별 한국어 어휘 능력
4 어휘 평가 문항을 만들 때의 유의점
5 어휘 평가를 위한 문항 유형

11장에서는 어휘 평가의 기본이 되는 어휘 능력의 개념과 어휘 능력의 구성 요소에 관하여 살핀다. 그 다음 1급에서 6급까지 한국어 학습자의 등급별 어휘 능력 기술을 통해 수준별 어휘력의 차이를 파악한 후 어휘 평가 문항을 제작할 때 어떤 점들을 유의해야 하는가에 대해 공부한다. 이와 같은 이해를 바탕으로 다양한 어휘 문항 유형들을 살펴본 후 구체적인 한국어 어휘 문항을 접하고 문항 제작을 연습함으로써 한국어 어휘 평가를 담당할 수 있는 실제적인 지식을 넓힌다.

① 어휘 능력

언어 사용 능력을 집을 짓는 것에 비유하자면 어휘는 벽돌에 해당된다. 집을 지을 때 벽돌이 없으면 안 되는 것처럼 어휘력이 뒷받침되지 않는다면 언어를 통한 의사소통에는 한계가 있을 수밖에 없다. 의사소통이 의미의 이해와 전달에 그 본질이 있다면 의미는 어휘에서 출발하기 때문이다. 어휘 능력은 의사소통 능력을 구성하는 중요한 한 부분이다.

어휘 능력이 있다는 것은 어휘의 의미를 이해하고 잘 사용할 수 있다는 것을 말한다. 우선 어휘의 다양한 의미와 쓰임에 대한 이해가 선행되어야 할 것이고 그것을 상황과 맥락에 맞게 적절하게 사용할 수 있어야 한다. 그러므로 어휘 능력이란 상황과 맥락 속에서 어휘의 사용에 대한 이해와 적용에 관한 능력이라고 정의할 수 있다. 다만 어휘의 의미는 고정되어 있는 것이 아니라 어휘가 쓰이는 맥락을 통해서만이 그 의미를 제대로 파악할 수 있다. 따라서 어휘의 1차적 의미가 아닌 상황 맥락 속에서 어휘의 다양한 쓰임에 대한 이해 여부를 평가의 목표로 삼아야 할 것이다. 어휘의 문자적 의미 외에도 함축적, 비유적 의미를 이해하고 있는가, 유사 어휘 간의 미묘한 의미 차이를 알고 있는가, 이 차이를 구별해 사용할 수 있는가, 단어 외에도 연어, 속담 등 관용적 표현에 대해 알고 이를 맥락 속에서 잘 사용할 수 있는가 등이 모두 어휘 능력을 구성하는 부분이며 평가의 대상이 된다.

② 어휘 평가의 구인

1. 범위

어휘를 얼마나 다양하고 풍부하게 사용할 수 있는가와 관련 있는 것으로 어휘를 다양하고 풍부하게 사용하려면 우선 상당수의 어휘에 대한 이해와 암기가 전제되어야 할 것이다. 어휘의 의미에 대한 이해와 암기가 선행되어야 상황과 맥락에 맞게 다양하고 풍부하게 사용할 수 있다. 어휘 능력을 구성하는 한 부분으로서 범위에 관해서는 고유어 및 한자어, 외래어 등을 고루 사용할 수 있는가, 어휘의 다의적 쓰임을 이해하고, 속담 및 관용 표현뿐만 아니라 고유 영역에서 사용되는 전문어, 방언이나 은어의 사용까지도 가능한가 등을 측정의 대상으로 삼을 수 있을 것이다.

2. 정확성

어휘의 의미를 정확하게 이해하고 이를 오류 없이 사용할 수 있는가와 관련된 것으로 어휘 사용의 정확성은 어휘 능력을 구성하는 한 부분이다. 어휘를 정확하게 사용하기 위해서는 어휘의 의미 이해가 전제되어야 한다. 다양한 어휘의 의미를 이해하되 1차적 의미 외에도 함축적, 비유적 의미를 알아야 하고, 유사 어휘들 간의 차이점에 대한 이해가 선행되어야 정확한 사용으로 이어질 수 있다. 또한 어휘는 맥락에서 그 의미가 명확해지는 것이므로 어휘 사용의 정확성은 문맥에서 파악되어야 한다.

3. 적절성

상황과 맥락 안에서 적절한 어휘를 골라서 사용할 수 있는가와 관련된 것으로 이 또한 어휘 능력을 구성하는 중요한 부분이다. 어휘의 정확한 의미를 이해하고 섬세한 의미 차이를 구별하여 상황과 맥락에 맞는 적절한 어휘를 골라 사용할 수 있는가를 파악해야 한다.

③ 등급별 한국어 어휘 능력

1급

- 기본적인 인칭대명사, 지시대명사, 의문대명사, 수사의 의미를 안다.
- 친숙한 간판이나 표지판, 로고 등이 무엇을 뜻하는지 안다.
- 사물 이름, 위치와 같은 고빈도 명사와 기본적인 형용사, 동사의 의미를 안다.
- 의식주와 관련된 일상생활에 필요한 기초적인 어휘의 의미를 안다.

2급

- 일상생활에서 자주 사용되는 어휘의 의미를 이해하고 사용할 수 있다.
- '얼음같이 차가운 성격', '바다처럼 넓은 마음'과 같은 친숙한 관용 표현의 뜻을 알고 사용할 수 있다.

- 공공시설 이용 시 자주 사용되는 기본적인 어휘를 이해하고 사용할 수 있다.
- 자주 접하는 고유 명사의 의미를 안다.
- 기본적인 빈도부사의 의미를 이해하고 사용할 수 있다.

3급

- 일상생활에서 사용하는 거의 대부분의 어휘를 이해할 수 있다.
- 비교적 자주 접하는 추상적인 소재와 관련된 어휘를 안다.
- 의미 전달의 논리성을 높이기 위해 쓰는 접속어들을 알고 사용할 수 있다.
- 기본적인 한자어의 의미를 이해하고 사용할 수 있다.
- 고빈도의 연어를 알고 사용하는 것이 가능하다.
- 감정 표현 어휘의 의미를 이해하고 사용할 수 있다.

4급

- 정확한 의미 전달을 위해 어휘를 선택하고 어휘 선택의 효과에 대해서도 인지한다.
- 비교적 자주 접하는 추상적인 소재와 관련된 어휘의 의미를 이해하고 사용할 수 있다.
- 빈번하게 접하는 공식적 상황에서 필요한 어휘의 쓰임을 알고 적절하게 사용할 수 있다.
- 빈도가 높은 관용 표현과 속담을 이해하고 사용할 수 있다.
- 신문, 방송, 잡지, 텔레비전 등에 자주 등장하는 어휘의 의미를 안다.

5급

- 빈도가 높은 추상적 어휘의 의미를 이해하고 사용할 수 있다.
- 업무와 관련된 기본적인 어휘의 의미를 이해하고 사용할 수 있다.
- 전문적이고 특정 분야에서 쓰이는 특수어의 의미를 안다.
- 자주 쓰이는 시사용어의 의미를 이해하고 사용할 수 있다.
- 일반적으로 사용되는 외래어의 의미를 이해하고 사용할 수 있다.
- 일반적으로 사용되는 관용 표현과 속담의 의미를 이해하고 사용할 수 있다.

6급

- 대부분의 추상적인 어휘의 의미를 이해하고 사용할 수 있다.
- 전문적인 업무 수행에 필요한 대부분의 어휘의 의미를 이해하고 사용할 수 있다.

- 대부분의 시사용어의 의미를 이해하고 사용할 수 있다.
- 다양한 상황에서 사용되는 관용 표현이나 속담의 의미를 이해하고 사용할 수 있다.
- 널리 알려진 방언이나 특정 분야에서 두루 사용되는 외래어의 의미를 이해할 수 있다.

④ 어휘 평가 문항을 만들 때의 유의점

근래에 들어서 공인된 숙달도 평가에서 어휘 능력을 독립하여 측정하지 않고 읽기 평가에서 읽기 능력을 구성하는 주요 능력의 하나로 어휘력을 측정하는 경향이 두드러지고 있다. 읽기 능력의 측정을 통해 어휘 능력의 추론이 가능하다고 보기 때문일 것이다. 이러한 방법이 평가의 경제성을 높일 수 있기는 하지만 어휘 능력이 다른 언어 기능을 뒷받침하는 가장 기초적이고 중요한 능력이라는 점에서 어휘 능력을 온전하게 평가하는 것도 고려되어야 할 것이다. 어휘 평가를 위해서는 다음 사항을 주의해야 한다.

어휘는 단독으로 쓰일 때보다 문맥에서 사용될 때 제 기능을 발휘한다. 결국 어휘도 의사소통을 위한 것이므로 맥락 안에서 어휘의 쓰임을 파악하고 사용할 수 있어야 진정한 의미에서 의사소통적 어휘 능력이라고 할 수 있을 것이다. 따라서 어휘 능력을 종합적이고 다각적으로 측정하기 위해서는 어휘의 1차적 의미를 알고 있는지를 파악하는 수준에서 그쳐서는 안 되며, 맥락 안에서 어휘의 다양한 의미를 이해하고 적절하게 사용하고 있는지 등을 평가해야 한다.

둘째, 어휘는 다른 어휘와의 관계 속에서 그 의미가 명확해진다. 그러므로 어휘의 정확한 의미 파악을 위해서는 유사한 의미 관계에 있는 어휘나 반의 관계에 있는 어휘 등과의 관계 속에서 어휘의 의미를 이해해야 한다. 따라서 어휘 능력의 정확한 측정을 위해서는 어휘의 다양한 관계 속에서 어휘의 의미를 파악하는 문항을 구성해야 할 것이다.

셋째, 어휘 평가 문항도 주관식 또는 객관식으로 구성할 수 있을 것이다. 주관식 문항이라면 주관식 채점에서 오는 채점 신뢰도와 관련한 문제를, 객관식 문항이라면 일반적인 객관식 문항 구성 시의 유의점을 염두에 두어야 할 것이다. 대표적으로 평가 문항을 주관식으로 했을 때 정답과 유사한 답안 처리의 문제가 생길 수 있다. 이를 어떻게 처리할 것인지 사전에 합의가 있어야 할 것이다. 유사 답안도 정답으로 인정할 것인지, 어디까지 인정할 것이며, 점수는 어떻게 부여할 것인지 등에 대한 채점 기준을 미리 준비해야 한다. 객관식 평가의 경우에서는 정답은 누가 봐도 어느 기준으로 봐도 이론의 여지가 없을 만큼 분명하고 확실해야 한다.

그 밖에 문항의 난이도가 수험자 수준에 적절해야 할 것이며, 오답지의 매력도가 높아야 한다. 또한 선택지는 되도록 통일된 형태로 구성하여 문제 풀이에 어휘 능력 이외의 다른 요소의 개입이 없도록 구성해야 할 것이다.

⑤ 어휘 평가를 위한 문항 유형

1. 그림이나 사진 보고 알맞은 단어 찾기

초급 단계에서 어휘의 의미를 이해하고 있는지 측정하기 위해 사용하는 평가 문항 중 하나로 그림을 주고 그림이 의미하는 바를 찾도록 한다. 어휘의 1차적 의미를 알고 있는지 측정하는 문항이다. 어휘는 문맥에서 파악되어야 하지만 초급 수준에서라면 문장을 구성하고 있는 다른 어휘의 의미를 몰라 과제를 해결할 수 없는 경우가 생길 수 있다. 그림을 제공하면 그림이 지시하는 어휘만 알아도 답할 수 있어서 어휘 평가 문항 유형 중 가장 난이도가 낮은 문항이라 할 수 있다. 객관식으로 구성하여 선택지를 줄 수도 있고, 선택지를 주지 않고 직접 쓰게 할 수도 있다.

예 다음 (   )에 알맞은 것을 고르십시오.

가 : 지금 뭐 해요?

나 : (   ).

2. 문맥에 알맞은 어휘 찾기

맥락 안에서 어휘의 의미를 이해하고 있는지 파악하기 위한 문항 유형으로, 문장 안에 괄호나 빈칸을 두고 그 안에 들어갈 적절한 어휘를 찾게 하는 문항이다. 문맥에 대한 이해가 선행이 되어야 적절한 어휘를 찾아 사용할 수 있다. 역시 객관식, 주관식 구성이 모두 가능하고 객관식으로 구성할 때에는 선택지의 품사나 형태를 통일해야 한다.

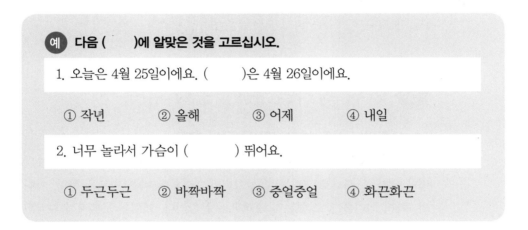

예 다음 ( )에 알맞은 것을 고르십시오.

1. 오늘은 4월 25일이에요. ( )은 4월 26일이에요.

① 작년   ② 올해   ③ 어제   ④ 내일

2. 너무 놀라서 가슴이 ( ) 뛰어요.

① 두근두근   ② 바짝바짝   ③ 중얼중얼   ④ 화끈화끈

3. 유의어 찾기

유의 관계에 있는 어휘를 찾는 문항이다. 문맥에서 어휘의 의미를 파악하고 어휘의 의미 관계가 유사한 어휘를 찾을 수 있는지를 평가하기 위한 것이다.

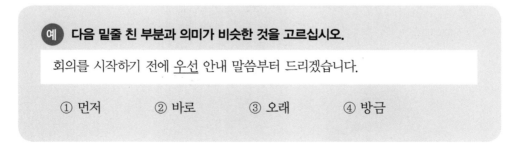

예 다음 밑줄 친 부분과 의미가 비슷한 것을 고르십시오.

회의를 시작하기 전에 <u>우선</u> 안내 말씀부터 드리겠습니다.

① 먼저   ② 바로   ③ 오래   ④ 방금

4. 반의어 찾기

반의 관계를 파악하고 있는지 확인하기 위한 문항이다. 문맥에서 어휘의
의미를 파악하고 어휘의 의미 관계가 반대인 어휘를 찾게 하는 방식으로
구성한다.

> **예** **다음 밑줄 친 부분과 의미가 반대인 것을 고르십시오.**
>
> 아버지는 성격이 <u>급해서</u> 줄 서서 기다리는 것을 못 참으신다.
>
> ① 게을러서   ② 꼼꼼해서   ③ 느긋해서   ④ 자상해서

5. 다의어 찾기

어휘의 다양한 의미와 쓰임에 대해 잘 이해하고 있는지를 평가하기 위한
문항이다.

> **예** **다음 (   )에 공통적으로 들어갈 동사를 고르십시오.**
>
> 대학생이 되었지만 아직도 부모님께 용돈을 (   ) 쓴다.
> 여름에 바다에 가서 놀았더니 얼굴이 까맣게 (   ).
> 동생은 부끄러움을 많이 (   ) 많은 사람들 앞에서 말을 잘 못한다.
>
> ① 받다   ② 타다   ③ 바뀌다   ④ 느끼다

6. 어휘 간 관계 추론하기, 서로 관계가 다른 어휘 찾기

제시된 어휘 간의 의미 관계를 파악하고 있는지 평가하는 문항으로 어휘의 상하 관계, 반의 또는 유의 관계 등에 대해 알고 있는지를 평가하기 위한 유형이다.

1. 다음 중 종류가 <u>다른</u> 것을 고르십시오.

① 포도　　　　② 배추　　　　③ 사과　　　　④ 딸기

2. 다음 중 서로 관계가 <u>다른</u> 것을 고르십시오.

① 타다 – 불타다　　　　　② 편하다 – 불편하다

③ 친절하다 – 불친절하다　　④ 가능하다 – 불가능하다

7. 잘못 사용된 어휘 찾기

부적절하게 사용된 어휘를 골라내는 문항으로 우선 어휘의 1차적 의미를 알고 있어야 하고, 나아가 그 어휘가 문맥 안에서 적절하게 사용되었는지를 아는가를 평가하기 위한 유형이다.

예 밑줄 친 부분이 잘못 사용된 것을 고르십시오.

① 지금은 바빠서 전화를 ② 받을 수 없으니까 조금 ③ 아까 제가 다시 전화 ④ 드리겠습니다.

❶ 어휘 평가 문항 유형의 예와 초급 어휘 목록표를 참조하여 초급 단계 어휘 평가 문항을 제작해 보자. 측정 목표는 무엇이며 평가 문항 유형 선택의 이유가 무엇인지 말할 수 있어야 한다.

❷ 어휘 평가 문항 유형의 예와 중급 어휘 목록표(부록)를 참조하여 중급 단계 어휘 평가 문항을 제작해 보자. 측정 목표는 무엇이며 평가 문항 유형 선택의 이유가 무엇인지 말할 수 있어야 한다.

과제

※ 초급 학습자들의 학업 성취도를 파악하기 위해 50분짜리 지필 평가를 기획하려고 한다. 학습자의 어휘 성취 수준을 어떻게 평가할 것인지 세부계획서의 형식을 참조로 하여 구체적인 평가 계획을 수립해 보시오.

평가 영역	어휘	학습 단계	초급
평가 형태/문항 수	객관식 30문항	시험 시간	50분

	문항 유형	배점	구인	채점 척도	투입자료
1	객관식	3			
2	주관식 단답	4			
3					
4					
5					
6					
7					
8					
9					
10					

제 12 장

문법 평가

이 단원을 공부하면…

◈ 문법 능력이란 무엇인지 말할 수 있다.
◈ 문법 능력을 이루는 요소를 말할 수 있다.
◈ 한국어 문법 능력을 평가할 수 있는 문항을 만들 수 있다.

이야기 나누어 보기

◈ 문법 능력은 언어 능력과 어떤 관계가 있을까? 문법 능력이 뛰어나면 의사소통 능력도 높다고 말할 수 있을까?
◈ 문법 능력은 어떤 방법으로 평가할 수 있을까? 문법 능력을 평가하기 위한 방법에는 어떤 것들이 있을지 이야기해 보자.

본 강의

1 문법 능력
2 문법 평가의 구인
3 등급별 한국어 문법 능력
4 문법 평가 문항을 만들 때의 유의점
5 문법 평가를 위한 문항 유형

12장에서는 먼저 문법 평가의 기본이 되는 문법 능력의 개념과 문법 능력의 구성 요소에 관하여 살핀다. 그 다음 1급에서 6급까지 한국어 학습자의 등급별 문법 능력 기술을 통해 수준별 문법 능력의 차이를 파악한 후 문법 평가 문항을 제작할 때 어떤 점들을 유의해야 하는지에 대해 공부한다. 이와 같은 이해를 바탕으로 다양한 문법 문항 유형들을 살펴본 후 구체적인 한국어 문법 문항을 접하고 문항 제작을 연습함으로써 한국어 문법 평가를 담당할 수 있는 실제적인 지식을 넓힌다.

① 문법 능력

우리는 아는 어휘를 띄엄띄엄 나열하는 것만으로도 어느 정도의 의사소통은 가능하다. 그러나 명확한 의미 전달과 원활한 의사소통을 위해서는 어휘의 나열만으로는 불충분하다. 언어 사용을 집을 짓는 것에 비유하자면 많은 벽돌을 쌓기만 해서는 튼튼한 집을 지을 수 없다. 집이 무너지지 않게 지탱해 주는 기능과 같은 것이 필요한데 문법은 바로 이러한 역할을 한다.

흔히 문법은 무한대의 문장을 생성해 내도록 해 주는 어떠한 틀, 체계로 이해된다. 쉽게 말해 어휘를 연결하고 조직하여 의미를 구성해 내는 장치라고 할 수 있다. 이완기의 비유에 의하면 어휘는 살이요, 문법은 뼈대이다.(이완기 2003:392)

문법 능력이란 언어 내에 존재하는 이러한 규칙에 대한 이해를 바탕으로 이를 잘 활용하여 의미를 생성해 내는 능력을 말한다. 말하기, 읽기, 쓰기, 듣기가 의사소통의 방식, 언어 능력의 운용이라면 이를 가능하도록 뒷받침하는 것이 바로 문법 능력이라고 할 수 있다. 문법 능력이 전제가 되어야 네 가지 방식의 의사소통이 비로소 가능해진다. 따라서 문법 능력은 언어 능력 기저에 자리 잡고 있는 중요한 부분이라고 할 수 있다.

문법 능력이 있다는 것은 언어를 규칙에 맞게 잘 다룰 수 있다는 의미이므로 문법 능력 평가는 규칙의 이해와 활용의 측면에서 접근이 가능할 것이다. 따라서 형태론적, 통사론적, 의미론적 규칙에 대한 지식, 어휘 형성과 문장 구조 등에 대한 지식을 바탕으로 이를 활용하는 능력을 평가의 목표로 삼아야 할 것이다.

② 문법 평가의 구인

1. 정확성

문법 능력은 문장 내에서 규칙에 맞게 언어 요소를 정확하게 사용할 수 있는 능력을 말한다. 의미의 명확한 전달을 위해서는 정확성이 기본적으로 담보되어야 하는데 문법적 정확성을 얻기 위해서는 문법 규칙에 대한 정확한 이해가 전제가 되어야 할 것이다. 한국어 문장 구조에 대한 이해, 다양한 형태의 서법을 표현하는 방법, 개별 문법 형태가 가진 다양한 의미 기능과 그 활용 규칙 등에 대한 이해가 선행되어야 하며 이를 오류 없이 사용할 수 있어야 한다.

2. 적절성

문장 사용에 관한 다양한 규칙 중에서도 상황과 맥락, 의도에 따라 적절한 문법 형태를 골라 쓸 수 있어야 한다. 언어적 요소를 사용할 때 적절성을 지키기 위해서는 규칙에 대한 정확한 이해가 전제된다. 따라서 유사한 기능을 담당하는 다양한 문법 형태들이 가진 의미 차이를 명확하게 이해해야 하며, 상황과 맥락, 의도에 맞게 적절한 형태를 가려 사용할 수 있어야 할 것이다.

3. 범위

하나의 문법 형태가 다양한 기능을 수행하기도 하고 하나의 기능 수행에 여러 문법 형태를 동원할 수도 있다. 따라서 문법 형태를 상황과 목적에 맞게 폭넓고 다양하게 사용할 수 있는 것도 문법 능력의 일부라고 할 수 있겠다. 이를 위해서는 문법 형태에 대한 정확한 지식, 이에 대한 이해가 선행되어야 한다. 이에 대한 능력이 문법 능력을 이루는 '범위'에 해당한다고 볼 수 있다.

③ 등급별 한국어 문법 능력

1급

- 주어, 목적어, 서술어를 사용하여 기본 문장을 만들 수 있다.
- 의문문과 서술문을 구성할 수 있다.
- 격조사, 서술격 조사 등 기본 조사의 쓰임을 알고 사용할 수 있다.
- 아주 기초적인 연결어미를 사용하여 문장을 구성할 수 있다.
- 최소한의 긍정과 부정 표현(단형 부정)이 가능하다.
- 현재 시제와 단순 과거를 나타내는 시제를 표현할 수 있다.

- 비교적 자주 쓰이는 연결어미를 사용해 문장을 연결할 수 있다.
- 비교적 자주 쓰이는 보조사, 부사격 조사 등을 사용할 수 있다.
- 용언의 관형형을 이해하고 사용할 수 있다.
- 기본적인 불규칙 용언의 활용에 대한 이해를 바탕으로 이를 어느 정도 사용할 수 있다.

3급

- 비교적 복잡한 형태의 연결어미를 이해하고 어느 정도 사용할 수 있다.
- 비교적 의미가 복잡한 조사에 대한 이해를 바탕으로 어느 정도 사용할 수 있다.
- 불규칙 용언의 활용에 대한 이해를 바탕으로 이를 잘 사용할 수 있다.
- 비교적 복잡한 의미를 갖는 보조 용언에 대한 이해와 활용이 가능하다.
- 피동과 사동 표현 이해와 활용이 가능하다.
- 간접 화법의 이해와 활용이 가능하다.
- 대화 상대에 따라 반말과 높임말을 골라 사용할 수 있다.

4급

- 주어와 서술어의 일치, 시제의 일치, 적절한 대용표현의 사용 등이 가능하다.
- 사용상 제약이 많은 복잡한 의미의 연결어미를 잘 이해하여 사용할 수 있다.
- 사회적 맥락을 논리적으로 서술하기 위한 문법 표현을 이해하여 잘 사용할 수 있다.
- 복잡한 의미를 갖는 조사, 보조 용언 등을 이해하고 잘 사용할 수 있다.

5급

- 연결어미와 조사가 결합한 형태의 복잡한 문법 표현도 이해하여 사용할 수 있다.
- 복잡한 의미를 갖는 문법 형태의 의미 차를 어느 정도 구별하여 사용할 수 있다.
- 논리적인 서술에 필요한 문법 표현을 잘 사용할 수 있다.

6급

- 일상에서 자주 사용하지 않는 특수한 의미의 문법 표현도 사용할 수 있다.
- 복잡한 의미를 갖는 문법 형태의 의미 차를 섬세하게 구별하여 적절한 맥락에 맞게 사용할 수 있다.
- 업무 관련 내용이나 학문적인 저술 등 전문적인 영역에서 주로 사용되는 문법 표현을 규칙에 맞게 잘 사용할 수 있다.

❹ 문법 평가 문항을 만들 때의 유의점

　문법도 결국 의사소통을 위한 도구이므로 문법 능력 역시 의사소통을 잘 수행할 수 있는가 하는 관점에서 접근하는 것이 바람직할 것이다. 하지만 현재 시행되고 있는 성취도 또는 숙달도 평가에서의 문법 능력 평가를 살펴보면 단순히 문법 형태의 의미 및 사용상의 제약에 대해 알고 있는가를 묻는 문항이 대부분이다. 문법 문항을 만들 때에는 다음을 유의할 필요가 있다.

　첫째, 교육과정을 바탕으로 교육과정이 목표로 한 내용을 성취했는가 여부를 측정하기 위한 성취도 평가의 경우라면 특정 문법 항목에 대한 지식 습득 여부를 평가하는 것이 그르다고 할 수는 없다. 하지만 수험자의 진정한 의사소통적 문법 능력을 평가하고자 한다면 문법 평가가 문법에 대한 지식 평가가 되어서는 곤란하다. 의사소통적 과제를 개발하여 그 안에서 문법 사용 능력을 측정하는 것이 가장 이상적인 방법일 것이다. 그러나 의사소통적 과제를 개발하였다 해도 특정 문법 항목의 습득 여부를 정확하게 측정한다는 것은 쉬운 일이 아니다. 수험자 변수가 있기 때문이다. 출제자의 의도와는 달리 수험자가 다른 문법 항목을 사용한다든가 하는 일이 일어날 수 있기 때문이다. 그렇기 때문에 성취도 평가가 문법을 분리하여 평가하는 것은 어쩌면 불가피한 일일지도 모른다. 진정한 의미에서의 의사소통적 문법 능력을 측정한다고 할 수는 없지만 평가를 통해 성취도 평가의 본래 목적, 수험자의 현재 수준을 진단하고 학습 동기를 유발하며, 교육의 세환 효과를 기대할 수 있기 때문이다.

　둘째, 문법 평가에서는 문법 지식의 소지 여부를 묻거나 정확한 언어 형태를 아는가를 측정하는 문항은 가급적 지양하는 것이 좋다. 궁극적으로 문법 능력이 의사소통에 기여하는가에 초점을 두는 문항을 개발하려는 노력이 필요하다. 예를 들어 말하기나 쓰기 과제에 특정 문법 사용을 요구하는 등의 방법을 통해 제한적이나마 의사소통적 상황에서 문법 능력을 측정할 수 있다.

⑤ 문법 평가를 위한 문항 유형

1. 문맥에 알맞은 조사나 어미, 문형 찾기

조사나 어미의 의미를 이해하여 잘 사용할 수 있는지를 측정하기 위한 것으로 문장 또는 대화문 안에 조사나 어미가 들어갈 자리를 비워 두고 빈 칸에 들어갈 적절한 조사나 어미를 고르거나 쓰도록 한다. 주로 초급 단계에서 주로 사용하지만 의미가 복잡한 문형을 찾는 형태로 제작한다면 중□고급 단계에서도 활용이 가능하다.

예 **다음 (   )에 알맞은 것을 고르십시오.**

도서관(   ) 공부해요.

① 에   ② 을   ③ 에게   ④ 에서

가: 주말에 뭐 할 거예요?
나: 집에서 (   ).

① 쉽니까   ② 쉬었어요   ③ 쉴 거예요   ④ 쉬십시오

다소의 불편을 (   ) 환경 보호를 위한 노력은 계속되어야 한다.

① 감수하기에는   ② 감수하나마나
③ 감수하더라도   ④ 감수하기는커녕

---

2. 문장 연결하기

연결어미를 사용하여 문장을 연결할 수 있는가를 파악하기 위한 문항 유형이다. 연결어미 학습 후 교실 내 형성평가의 일환으로 사용가능하며, 수험자 숙달도에 따라 난이도 조절을 위해 문법 표현을 제시해 줄 수도 있다.

예 **다음 두 문장을 한 문장으로 바꿔 쓰십시오.**

① 감기에 걸렸어요. 학교에 못 가요.

→ _____.

② 어제 백화점에 갔어요. 옷을 샀어요.

→ _____.

3. 문법 오류 찾아내기

문법 요소가 적절하게 사용되었는지, 문맥에서 제대로 기능하고 있는지를 평가하는 유형으로 문맥에서 쓰임이 잘못된 표현을 찾게 하거나 틀린 곳을 찾아 고쳐 쓰게 하는 등의 다양한 형태로 제작이 가능하다.

예

1. 다음 중 밑줄 친 부분이 맞는 것을 고르십시오.
① 자주 <u>만나다 보면</u> 친해졌어요.
② 밤마다 야식을 계속 <u>먹다 보니까</u> 살이 쪘어요.
③ 친구들이 <u>도와준 김에</u> 문제를 쉽게 해결할 수 있었다.
④ 출장을 <u>간 채로</u> 그곳에 살고 있는 친구도 만나려고 한다.

2. 다음을 읽고 틀린 곳을 찾아 바르게 고쳐 쓰십시오.

> **잃어버린 휴대전화를 찾습니다.**
>
> 어제 학교 식당에서 휴대전화를 잃어버렸습니다. 밥을 먹고 그 자리에 그냥 두고 온 것 같습니다. 사자마자 3개월밖에 안 된 OO전자 최신 휴대전화입니다. 색깔은 하얀색입니다. 중요한 연락처가 저장되어 있고 꼭 찾아야 합니다. 혹시 제 휴대전화를 보신 분은 010-1234-5678번으로 연락주시겠습니다.

4. 어순에 맞게 문장 완성하기

문장을 구성하는 요소를 나열해 주고 이를 어순에 맞게 배열하여 규칙에 맞는 문장을 생성해 내는 평가 문항이다. 주로 초급 단계에서 사용하지만 중·고급 단계에서는 어구를 제시해 주고 적절한 연결어미나 표현을 사용하여 복잡한 형태의 문장을 완성하게 하는 방법으로 활용 가능하다.

예 **다음 단어를 연결하여 문장을 완성하십시오.**

감기, 걸리다, 학교, 못, 가다

→ _____.

친구와 등산을 가다 / 폭설이 내리다 / 계획을 취소하다

→ _____.

---

5. 바꿔 쓰기

일종의 문장 전환하기 유형으로 존댓말을 반말로 바꿔 쓰거나 직접화법을 간접화법으로 바꿔 쓰는 등의 과제가 주어진다. 반말이나 간접화법 등을 학습한 후 습득의 정도를 알아보기 위해 교실 내 평가의 일환으로 활용 가능하다. 측정하려는 문법 형태가 사용되는 환경이 명확하다면 기능통합형 과제로 구성해도 문법 능력의 정확한 측정이 가능하다. 예를 들어 누군가에게 전해들은 이야기를 간접화법을 사용하여 제3자에게 전달하는 과제를 제시한다면 의사소통적 문법 능력을 평가할 수 있다.

예

1. **다음 문장을 반말로 바꿔 쓰십시오.**
   ① 지금 몇 시예요?
   → _____.

② 주소를 말해 주십시오.

→ _____.

③ 내일 오후에 만납시다.

→ _____.

2. **룸메이트에게 걸려온 전화를 대신 받았습니다. 잘 듣고 들은 내용을 룸메이트에게 전하는 메모를 쓰십시오.**

> 음성: 저 민수인데요. 오늘 3시에 학교 앞에서 리나 씨랑 만나기로 했거든요. 그런데 제가 일이 있어서 조금 늦을 것 같아요. 혹시 리나 씨 들어오면 학교 앞 커피숍에서 조금만 기다려 달라고 말해 줄 수 있어요?

→ 리나 씨, 민수 씨에게 전화 왔었어요. _____

_____

_____

_____.

6. 비슷한 표현 찾기

어떤 문법 요소가 담당하고 있는 기능과 같은 의미 기능 수행이 가능한 다른 형태의 문법 요소를 알고 있는가를 묻는 유형으로 다양한 문법 표현의 의미 기능을 알고 있어야 답을 찾을 수 있다.

> **예** **다음 밑줄 친 부분과 바꾸어 쓸 수 있는 것을 고르십시오.**
>
> 이번 사고는 제가 <u>조심하지 않은 탓이에요.</u>
>
> ① 조심한 적이 없어요   ② 조심하지 않은 셈이에요
> ③ 조심하지 않았을 뿐이에요   ④ 조심하지 않았기 때문이에요

7. 문장 전환하기

다른 문법 표현을 사용하여 문장을 재구성할 수 있는지 파악하기 위한 문항 유형이다. 객관식으로 구성하여 의미가 비슷한 문장을 찾게 할 수도 있고, 주관식으로 제작하여 다른 문법 표현을 사용해 직접 문장을 쓰게 할 수도 있다. 읽기 자료를 제시하고 읽기 자료 안의 특정 문장을 같은 의미 기능을 수행하는 문법 형태로 바꿔 쓰게 하는 방법을 시도해 볼 수 있으나 단순히 같은 의미 기능을 담당하는 문법 표현을 찾아 대치시키기만 해도 과제 해결이 가능한 문항이라면 굳이 읽기 텍스트를 투입하는 의미가 없다. 읽기 의사소통과 연결시키려면 텍스트 안에서 문장의 의미가 재해석될 수 있어야 한다.

예 **다음 문장과 의미가 비슷한 것을 고르십시오.**

> 저는 수영할 줄 몰라요

① 저는 수영을 못해요   ② 저는 수영을 하지 않아요
③ 저는 수영을 할 수 있어요.   ④ 저는 수영을 한 적이 있어요

---

8. 조사나 연결어미의 다의적 쓰임 구별하기

조사나 연결어미 중에는 하나의 형태로 다양한 기능 수행을 하는 문법 요소가 있다. 이들의 의미를 구별하여 잘 사용할 수 있는가를 측정하는 평가 유형이다.

> **예** **밑줄 친 부분과 같은 의미로 쓰인 것을 고르십시오.**
>
> 일곱 번<u>이나</u> 취직 시험에 떨어졌지만,
> 포기하지 않고 도전한 끝에 결국 합격하였다.
>
> ① 심심한데 산책<u>이나</u> 할래?
> ② 요리하기 귀찮은데 라면<u>이나</u> 먹자.
> ③ 날씨 때문에 비행기 출발이 3시간<u>이나</u> 늦어졌다.
> ④ 제 짝은 선생님<u>이나</u> 되는 것처럼 행동해요.

❶ 문법 평가 문항 유형의 예와 초급 문법 목록표를 참조하여 초급 단계 문법 평가 문항을 제작해 보자. 측정 목표는 무엇이며 평가 문항 유형 선택의 이유가 무엇인지 말할 수 있어야 한다.

❷ 문법 평가 문항 유형의 예와 중급 문법 목록표를 참조하여 중급 단계 문법 평가 문항을 제작해 보자. 측정 목표는 무엇이며 평가 문항 유형 선택의 이유가 무엇인지 말할 수 있어야 한다.

❸ 의사소통 상황에서 문법 능력을 측정할 수 있는 의사소통적 평가 문항을 개발해 보자. 의사소통적 과제 수행의 과정에서 수험자는 문법 능력을 활용하게 될 것이다. 이때 평가자는 어떠한 방법으로 수험자의 문법 능력을 측정할 수 있을지에 대해서 생각해 보자.

과제

※ 중급 학습자들의 학업 성취도를 파악하기 위해 50분짜리 지필 평가를 기획하려 한다. 학습자의 문법 성취 수준을 어떻게 측정할 것인지 세부계획서의 형식을 참조로 하여 구체적인 평가 계획을 수립해 보시오.

평가 영역	문법	학습 단계	중급
평가 형태/문항 수		시험 시간	50분

	문항 유형	배점	구인	채점 척도	투입자료
1	객관식	3			
2	주관식	4			
3					
4					
5					
6					
7					
8					
9					
10					

제 13 장

대안적 평가

이 단원을 공부하면…

❀ 대안적 평가가 무엇인지 그 개념을 안다.

❀ 전통적인 평가와 대안적인 평가가 어떻게 다른지 비교할 수 있다.

❀ 한국어 교실에서 대안적 평가를 시도하기 위한 방안을 모색할 수 있다.

이야기 나누어 보기

❀ 앞서 3장에서 평가의 패러다임을 어떻게 나누는가를 살펴본 적이 있다. 이에 관한 저마다의 지식을 이끌어 내 보자.

❀ 기존의 전통적 평가가 가지고 있는 문제점에 대해 얘기해 보자.

❀ '대안적 평가'하면 무엇이 떠오르고 '무엇에 대한 대안'으로 나온 평가인가에 대해서 생각나는 대로 말해 보자.

본 강의

1 대안적 평가관

2 대안적 평가의 개념과 특성

3 대안적 평가의 유형

4 대안적 평가를 설계할 때 유의점

5 한국어 대안적 평가의 사례

마지막 13장은 대안적 평가를 다룬다. 이 장에서는 먼저 대안적 평가관이 어떻게 나오게 되었는가를 평가사를 통해 살핀 후 대안적 평가의 개념과 특성에 관하여 고찰할 것이다. 이와 같은 이해를 바탕으로 다양한 대안적 평가의 유형들을 살펴본 후 한국어 교실에서의 대안적 평가의 사례들을 접하고 문항 제작을 연습함으로써 한국어 교육에서 대안적 평가를 시도할 수 있는 폭넓은 지식을 갖춘다.

① 대안적 평가관

언어 능력 평가를 어떻게 바라보는가의 철학적 패러다임은 3장에서 살펴본 대로 '고전적 평가와 현대적 평가'로 양분하는 입장과 '과학 이전 시기의 평가, 심리측정학적 평가, 의사소통적 평가'로 구분하는 입장, '실증주의적 평가, 대안적 평가, 비판적 평가'로 나누는 입장 등으로 정리할 수 있다. 평가에 관한 이러한 관점들은 상호 배타성을 가지기보다는 오히려 상호보완성을 지닌다.

언어 평가의 패러다임 가운데 평가 도구를 개발하고 시행하고자 할 때 가장 일반적이고 지배적인 견해는 아무래도 '실증주의적 평가관'일 것이다. 그렇다고 '대안적 평가관' 혹은 '비판이론적 평가관' 등이 특수하거나 부차적이어서 교육에 대한 처방성이 약한 것은 아니다. 오히려 언어 학습자의 정체성을 고양하고 진정한 의사소통 능력을 키우기 위해서는 대안적 평가관이 가장 설득적일 수도 있다.

'대안적 평가관'은 실증주의적 평가를 극복하기 위한 시도 전반을 아우르는 용어이다. 기존의 실증주의적 평가의 한계로 지적된 타당도가 낮은 단점, 언어의 투명성에 지나치게 의존하는 문제점 등을 비판하면서 평가가 근본적으로 추구해야 할 '타당도'를 최우선으로 추구하는 것이 대안적 평가이다.

대안적 평가관에 입각하면 언어의 사용에 초점을 두게 되며 학습을 향상시키고 유도하는 유익한 정보를 제공하며 학습자의 수행에 초점을 맞춘 절대 평가 방식을 취한다. 기존의 실증주의적 평가와 가장 분명하게 대조되는 것은, 수험자가 '무엇을 잘하지 못하는가?'보다 '무엇을 할 수 있는가?'를 찾아내어 관찰하고 추론하려 한다는 점이다. 이를 통해 평가의 경험이 이후의 언어 학습에 긍정적인 영향을 끼칠 수 있도록 최대한 배려하려는 것이 대안적 평가관에 충실한 평가이다.

② 대안적 평가의 개념과 특성

최근 들어 전통적 평가, 측정학에 충실한 평가의 단점을 비판하면서 이와는 전혀 다른 평가를 시도하려는 움직임이 적극적으로 나타나고 있다. 교실에서 동영상 제작이나 포트폴리오, 프로젝트 수행, 문집 만들기 등을 통해 평가를 해 나가거나 학습자 본인이 자신의 학습을 평가하는 자가 평가 혹은 학습자 공동체가 함께 평가에 참여하는 동료 평가 등의 다양한 대안적 방식들이 시도되고 있는 중이다. 우리는 이러한 평가를 '실제적 평가', '상황 문맥적 평가', '참 평가', '진정한 평가', '의사소통적 평가' 등으로 다양하게 부른다. 본서에서는 이러한 참신하고 새로운 평가 방식이 기존의 전통적인 평가와 큰 차이를 가지며 전통적인 평가의 단점과 한계를 극복하려 한다고 보고 '대안적 평가'라는 이름으로 부르기로 하겠다.

대안적 평가란 "기존의 표준화된 시험 방식에서 탈피하여 학생들이 실제 무엇을 알고 있고 무엇을 할 수 있는지를 알아내어 그들의 학습을 돕기 위한 일체의 방안(김영민 1999:291)"으로 정의되어 왔다. 언어 학습에서 대안적 평가는 학습자가 자신의 언어 학습에 대하여 성찰할 수 있는 기회를 제공하며 열정을 가지고 스스로의 언어 성취도를 향상시킬 수 있게 자극하는 역할을 한다. 또 교사에게도 더 발전되고 변화가 있는 교육 계획을 만들게 하고 학습자의 언어 수준을 더욱 더 높일 수 있게 도와주는 자극제가 되기도 한다.

전통적 평가를 '평가를 하기 위한 평가'라 부를 수 있다면 대안적 평가는 '잘 가르치기 위한 평가'라 할 만하다. 전통적인 평가와 새로운 평가 방안으로서의 대안적 평가를 비교하면 다음 표와 같다.

전통적 평가	대안적 평가
• 문법과 어휘에 초점을 둔다.	• 의사소통에 집중한다.
• 교사 중심의 평가	• 학습자 중심의 평가
• 언어 기능의 분리를 추구	• 언어 기능의 통합을 추구
• 결과를 강조하고 중시한다.	• 교수-학습의 과정을 강조한다.
• 일률적이고 폐쇄적이다.	• 개방적이고 다양한 해결책을 가진다.
• 평가를 위한 평가	• 교수를 위한 평가

[표 2] 전통적 평가와 대안적 평가

위 표에서도 파악할 수 있듯이 대안적 평가는 학습자가 실제로 수행 가능한 것들을 드러내도록 요구하기 때문에 전통적인 평가 방식과는 크게 차이가 난다. 또한 평가자가 시험에서 요구한 내용에 의해 학습자가 기억하고 증명하는 정도가 어떠한가를 숫자로 합산하기보다는, 학습자가 무엇을 만들어 내고 완성해 낼 수 있는가를 평가하려는 것이 대안적 평가이다. 따라서 대안적 평가는 학습자가 특별한 영역의 실생활 과제들을 해결하기 위해 어떻게 접근하고, 고민하고, 과정을 밟고, 완성하는지에 대한 모든 증거들을 수집하는 것이라 볼 수 있다.

대안적 평가는 수험자가 의사소통 상황에서 어떻게 그 언어를 실제로 사용하는가의 '실제성(authenticity)'을 주시하며 특히 말하기 평가에서는 진정한 '대화 능력'을 추론하는 것에 관심을 둔다. 또한, 언어 기술의 통합을 추구하므로 듣고 나서 말하기, 읽은 후 쓰기와 같은 통합적인 언어 능력을 평가하는 문항 유형 개발에 관심을 둔다. 포트폴리오, 자가 평가, 동료 평가 등의 방식을 사용하므로 질적 평가에 가깝고 학습자 중심적인 평가이다. 대안적 평가는 학습자의 '수행'을 강조하기 때문에 '실제적(authentic), 진정한(true), 적절한(appropriate), 직접적인(direct), 지적인(intelligent)' 등의 수식어가 다양하게 붙는다. 대안적 평가의 대표적인 특성을 정리하면 다음과 같다.

첫째, 교실 수업에서 실제로 행해진 교육 내용을 평가에 반영한다.

둘째, 기존의 전통적 평가가 중시한 언어 규범, 언어 형태, 문화적 특성에 대해서 자유롭다.

셋째, 학습자 개개인이 어떤 장점과 단점이 있는지에 대한 정확한 정보를 제공한다.

넷째, 정규 교실 수업에서 무리하게 적용하려고 하지 않아서 시간과 공간에 자유롭다.

따라서 대안적 평가는 학습자의 자율성을 이끌어 내고 자존감을 향상시킬 수 있을 뿐만 아니라 학습자로 하여금 스스로의 요구를 인식하고 평가하게 하므로 학습의 효과를 최대로 높일 수 있는 장점이 있다.

③ 대안적 평가의 유형

대안적 평가는 그 이름이 매우 다양한 것처럼 평가 유형도 여러 가지이다. 본서에서는 포트폴리오 평가, 동료 평가, 활동 관찰일지 등 대표적인 대안적 평가의 유형 몇 가지를 설명한다.

1. 포트폴리오 평가

포트폴리오란 학습자가 수행한 다양한 유형의 집합체로서 학습자가 완성한 과제물이나 현재 진행하고 있는 동영상, 문집, 작품, 보고서 등의 연구물들을 말한다. 포트폴리오 평가는 자료의 성격에 따라 말하기 평가나 쓰기 평가에 쉽게 적용할 수 있다. 또한 학습자의 한국어 숙련도가 어떻게 발달하고 있는가를 보여 줄 수만 있다면 무엇이든 포트폴리오 평가의 대상이 될 수 있다.

포트폴리오 평가를 위해서는 먼저 교사와 학습자가 서로 협의하는 시간을 가지는 것이 필요한데 학습자가 부담감 없이 자연스럽게 자신의 생각을 나눌 수 있도록 분위기를 만드는 것이 좋다. 특히 포트폴리오 평가를 하는 과정에서는 학습자가 부여받은 과제를 얼마나 수행하였는지, 어떻게 구성하고 있는지, 보완해야 할 것은 무엇인지 등에 대해서 수시로 의견을 나누는 것이 중요하다. 또 학습자가 한국어를 공부하면서 즐거웠던 점이나 학급에서 다른 학습자와 포트폴리오에 관해 의사소통할 때 어떤 점을 느꼈는지, 어떤 경험이 좋고 나빴는지 등에 대해서도 충분한 의견을 나누면 좋다. 이러한 과정을 거쳐서 완성한 포트폴리오를 대상으로 평가를 마무리하면 된다.

포트폴리오 평가는 대안적 평가 중에서 학습자의 학습 경험과 성취를 직접적이고 지속적인 방식으로 기록하는 방법을 사용하므로 보다 타당성 높고 신뢰성 있는 평가가 될 수 있다. 학습자가 포트폴리오를 만들어 가는 과정을 통하여 이뤄지는 과정적인 평가가 될 수 있고, 수업 자체와 평가를 통합시키는 도구가 될 수 있는 것이 포트폴리오 평가이다.

2. 동료 평가

학습자가 다른 학습자의 동료로서 피드백을 제공하고 함께 평가에 참여하는 것을 말한다. 동료 평가를 한다는 것은 평가의 방법, 평가 기준, 채점표, 평가 행위 자체의 전체 과정에 학습자가 개입하여 동료 학습자를 평가한다는 의미이다. 동료 평가를 통하여 동료 학습자의 수행을 관찰하면서 가지게 될 모방과 자기 수정의 과정을 경험하게 되므로 보다 높은 교육적 효과를 얻을 수 있고 교사는 홀로 평가를 감당해야 하는 심리적 부담을 다소 완화시킬 수 있다.

동료 평가를 잘하기 위해서는 각자의 한국어 능력을 어떻게 평가할 것인 가에 대한 평가 기준이나 채점 방법 등을 평가 시작 전에 충분히 협의하 는 것이 좋다. 학습자는 동료 평가를 통해 해당 수업에서 목표로 하는 것 이 무엇인지 구체적으로 확인할 수 있으며, 한국어를 구사할 때의 양상이 나 오류 등을 직접 경험하고 객관화할 수 있기 때문에 한국어 숙련도를 높 일 수 있는 기회를 얻기도 한다.

한국어 학습 과정에서 동료 평가는 교사 평가나 자가 평가만큼 중요한 역할을 한다. 이는 동료 학습자의 의견을 수용하고 동료에게 자신의 의견 을 이야기하는 기회를 통해 진정한 의사소통에 참여할 수 있고 그 과정을 통해 실제적인 도움을 받기 때문이다. 다시 말해서, 다른 학습자의 쓰기나 말하기에서 나타나는 장단점에 주목함으로써 학습자는 자기의 쓰기와 말 하기를 개선해 갈 수 있다. 또 학습자의 주변 인물을 통한 평가도 가능한 데 한국 친구, 하숙집 주인, 홈스테이 가족, 기숙사 룸메이트, 직장 동료, 한국인 남편이나 아내, 여자 친구나 남자 친구 등에 의한 평가도 동료 평 가의 좋은 자료로 활용될 수 있다.

동료 평가는 한국어 교육에서 현재까지 잘 시행되고 있지 못한 말하기 평가에서 더 다양하게 적용할 수 있는 평가 방법이다. 지금 현재 한국어 교육 현장에서 이루어지는 평가는 교사에 의한 평가가 거의 대부분을 차 지하고 있다. 이와 같은 교사 중심의 평가는 학습자가 자신의 언어 수행 과정을 되돌아보면서 성취도를 스스로 판단하는 과정에서 가지게 될 교육 적 피드백의 기회를 앗아가는 것이 된다.

3. 활동 관찰일지

활동 관찰일지는 교실 수업에서 이루어지는 활동을 교사가 관찰하여 쓴 기록물을 말한다. 활동 관찰일지를 통해 교사는 수업의 목표로 삼았던 언 어 기능이나 어휘, 문법 등이 제시되고 연습된 후 활용으로 연결되는 것이 적절하고 제대로 이루어졌는가를 성찰하고 파악할 수 있다. 그럼으로써 학 습자의 수준을 보다 정확하게 판단하고 평가하여 다음 수업을 보다 효율적으로 보완하고 새롭게 이끌어가는 것에 활용할 수 있다.

④ 대안적 평가를 설계할 때 유의점

일정한 한국어 교육과정이 이미 확립되어 운영되고 있는 기관에서 일하는 교사가 소신을 가지고 대안적 평가를 시도하는 것이 결코 쉬운 일은 아니다. 한국어 교사 각자는 수업 준비와 강의, 학습자 상담 등에 대부분의 시간을 할애해야 하므로 대안적 평가에 대해 연구하고 준비하여 실천하는 것이 현실적으로 어렵다. 더욱이 한국어 능력 시험의 고득점을 강조하는 세태에서 대안적 평가를 섣불리 시도한다는 것은 부담과 무리가 따를 수도 있다. 그럼에도 대안적 평가가 가지고 있는 많은 장점을 알고 대안적 평가를 통해 한국어 교수-학습의 효용성을 증대시킬 수 있기 때문에 보다 적극적으로 활용할 필요가 있다.

한국어 교실에서 대안적 평가를 설계할 때 핵심으로 삼아야 할 것은 대안적 평가에서 추구하는 모든 것이 한국어 학습자의 내면에서 동기화되어 나올 수 있어야 하며 반드시 유의미한 결과가 나올 수 있도록 구조화되어야 한다는 점이다. 이와 더불어 대안적 평가는 다음과 같은 사항에 유의할 필요가 있다.

첫째, 학습자의 실제적인 수행 능력을 드러내고 이를 평가하는 데에 초점을 두어야 한다.

둘째, 평가의 주체가 다양해야 한다. 교사만이 아니라 학습자 각각 혹은 소그룹 모두 평가자가 될 수 있음을 자각시켜야 한다.

셋째, 평가의 유형이나 방법, 평가의 절차 등에 관해서도 학습자와 함께 논의하여 결정하는 것이 바람직하다.

넷째, 식당, 편의점, 도서관, 강의실, 거리, 시장 등의 장소를 포괄하고 다양한 상황 맥락을 전제로 한 평가여야 한다. 평가의 상황 맥락과 실제 언어 수행이 완전히 일치하도록 만드는 것은 어렵더라도 어느 정도는 실제 수행 상황과 비슷하게 평가 환경을 조성해야 한다.

다섯째, 결과보다는 과정에 대한 평가여야 한다. 평가를 시도할 때에는 포트폴리오, 문집 만들기 등의 다양한 과제를 부여하고 협동학습을 통하여 이를 이루어 낼 수 있도록 이끌어 가야 한다. 또 수업마다 교사는 활동 관찰일지를, 학습자는 학습일지 등을 쓰도록 한다. 그럼으로써 이 모든 평가 활동이 교육 전반에 세환 효과를 거둘 수 있으며, 그것이 교수에 반영될 수도 있고 이를 통해 교수 방법을 개선해 나갈 수도 있게 된다.

대안적 평가를 설계할 때의 유의점을 주지하면서 동시에 대안적 평가의 한계점도 미리 파악하고 있을 필요가 있다. 대안적 평가는 첫째, 언어 평가를 하는 상황에서 언어 능력과 수행을 명확히 구분하기가 어렵고 둘째, 언어수행은 특정 장면에서의 언어행위를 통하여 표본적으로 선택되는 것이므로 그것을 다른 상황으로 일반화하기가 어려우며 셋째, 대안적 평가를 실행하기 위해 교사가 가지게 되는 시간적이고 심리적인 부담이 크다는 단점이 있다.

⑤ 한국어 대안적 평가의 사례

여기에서는 한국어 교실에서 시도할 만한 대안적 평가를 예시한다. 중급 수준 한국어 학습자를 대상으로 말하기 평가를 위한 동료 평가의 사례를 보이도록 하겠다. 이 방식은 한국어 정규 교육과정을 10주로 본다면 4~5 주가 경과한 중간고사 시기 전후로 시행하는 것이 적절하며 적절한 학습자 수는 10명 내외이다. 대안적 평가를 시행하는 데 약 3시간이 소요되는데 다음과 같은 절차를 밟는 것이 좋다.

첫 단계로 교사는 그동안 배운 기능과 상황을 정리하여 시험 문항을 만든 다음에 상황카드 형태로 잘라온다.

두 번째 단계로 학습자와 함께 한국어 말하기를 잘하는 기준이 무엇인가에 대해 토론한 다음에 칠판에 적고 협의한 내용을 채점표로 만든다. [표3]과 같이 4점 척도로 된 채점지를 준비해서 학습자 숫자만큼 복사해 온 후 채점 기준만 적어 넣게 하면 된다.

세 번째로 둘 혹은 세 명의 짝을 만든 다음에 무작위로 상황카드를 뽑게 한다. 서로 의논하여 역할을 정하고 2~3분 길이의 대화 내용을 의논한 다음에 역할극을 시작한다.

네 번째 단계로 다른 학습자들은 동료 학습자의 대화를 보면서 채점한다. 이 과정에서 녹화기록법을 겸하면 더욱 효과적이다. 학습자의 수행과정을 비디오카메라로 녹화한 다음 나중에 재생해 보면서 평가하는 녹화기록법은 반복 관찰과 재생의 용이성 때문에 정확하고 객관적인 평가를 할 수 있다. 또 말하기 평가가 가지는 시간적, 공간적 제약을 극복할 수 있고 평가자의 오류를 최소화해 줄 수 있다.

다섯 번째로 모든 학습자의 역할극이 끝나면 평가지를 거둔다. 잠깐 동안 이 평가에 대한 느낌이나 어려웠던 점에 대해 이야기를 나누어도 좋다.

마지막으로 교사는 본인의 평가지와 학습자끼리의 동료 평가지를 점수화하고 이를 토대로 평가 결과를 해석한 후 학습자와 공유한다.

이름	평가 기준	아주 잘한다	잘한다	못한다	아주 못한다
	주제에 맞게 말하는가?				
	다양한 단어를 쓰는가?				
	문법을 틀리지 않고 말하는가?				
	과제를 잘 해결하는가?				
	한국어의 언어 예절을 지켜 말하는가?				
	말하는 속도, 크기, 발음이 좋은가?				

[표 3] 대안적 평가를 위한 채점지

1 예시한 대안적 평가를 참조하여 초급 단계에서 시행할 만한 대안적 평가 방안을 계획해 보자. 읽기, 쓰기, 듣기, 말하기 등 어떤 영역이든 상관없다. 대안적 평가의 목표는 무엇이며 그러한 평가 방식을 선택한 이유가 무엇인지 말할 수 있어야 한다.

2 예시한 대안적 평가를 참조하여 중급 단계에서 시행할 만한 말하기 평가를 기획해 보자.

과제

※ 고급 수준 한국어 학습자들의 문화 수업에서 대안적 평가를 시행하고자 한다. 고급 수준 학습자의 문화 능력을 어떻게 평가할 것인지 구체적인 평가 계획을 수립해 보시오.

한국어 교육학 총서 ❶

한국어 평가론

초판발행	2017년 2월 28일
초판 3쇄	2024년 8월 12일

저자	지현숙
편집	권이준, 김아영
펴낸이	엄태상
디자인	박경미
콘텐츠 제작	김선웅, 장형진
마케팅본부	이승욱, 왕성석, 노원준, 조성민, 이선민
경영기획	조성근, 최성훈, 김다미, 최수진, 오희연
물류	정종진, 윤덕현, 신승진, 구윤주

펴낸곳	한글파크
주소	서울시 종로구 자하문로 300 시사빌딩
주문 및 교재 문의	1588-1582
팩스	0502-989-9592
홈페이지	www.sisabooks.com
이메일	sisabooks@naver.com
등록일자	2000년 8월 17일
등록번호	제300-2014-90호

ISBN 978-89-5518-265-1 94700
　　　978-89-5518-264-4(set)